JN411858

# 말허자면
# 우리가
# 걸그룹
# 시초여

**김양오** 金亮旿, kim yang o

역사동화작가.
인하대 사학과 졸업.
한겨레 아동문학 작가학교 1기 수료.
역사동화를 쓰면서 지역사를 계속 공부하고 있다.
저서로는 『도자기에 핀 눈물꽃』, 『백 년 동안 핀 꽃』, 『꿈과 마음이 담긴 집 몽심재』, 『아리 아리 아라리요』, 『청수 할머니의 기도』가 있다.

**노영숙** 魯永淑 Roh, Young Sook

국악인.
김영운(판소리), 강도근(판소리), 이금조(채상소고), 강남기(한국무용), 재일 무용가 정민(한국무용), 이부산(설장고), 배분순(설장고) 사사.
춘향여성농악단 채상소고 단원(1963~68), 한국민속가무예술단(단장 박귀희) 단원으로서 재일교포 위문 순회공연(1969~72), 일본 오사카 만국박람회(EXPO) 한국민속예술단 전사섭 농악단원(1970), 강도근 명창과 남원국악원 창극에 출연(1973~74), 강남기 무용단 단원(1974~80), 두레극장 김운태 단장의 「호남여성농악」 재현 공연(1995), 일본 오사카의 무용가 정민 사사(1997~2002), 국립극장 「호남여성농악, 30년만의 해후」(2002), 호암아트홀 「춤추는 바람꽃, 여성농악」(2004) 등 다수.

글로 보는 다큐멘타리

# 말허자면 우리가 걸그룹 시초여

60년 만에 컴백한
남원여성농악단과
시민들의 이야기굿

김양오 · 노영숙

민속원

# · 책을 내며 ·

올 봄, 대학 도서관에서 우연히 『이야기로 듣는 남원국악사』(2008, 국립민속국악원)라는 책을 발견했다. 연구사들이 남원 국악계 원로들을 찾아다니며 모은 생생한 이야기들이 담겨 있었다. 춘향제를 만든 남원 권번 기생 최봉선부터 이일우, 김광식, 김영운, 강도근, 최영호, 박재윤… 많은 분들이 남원을 국악의 고장으로 만들기 위해 오랫동안 애쓰셨다는 것을 알 수 있었다. 그리고 반갑게도 남원여성농악단에 대한 이야기도 몇 번 언급이 되어 있었다.

'그 때가 이승만 박사 생일, 탄신일인디. 각 도에서 농악 경연대회를 개최를 해서 전라북도에서는 인자 정읍 남자 농악대하고 남원(여성) 농악대하고 두 팀만 올라갔어요. (중략) 우리가 여기서 일등을 했어. 일등을 해갖고 상금도 백만원 타고 우승기 타고 해갖고 왔어.'

(남원 여성농악대 운영위원 강영수, 1925년생)

'그 때 그리고 참 재미있었어. 여그서 경기도 우로는 벨로 간 일이 없지만 경기도 밑으로는 안 가본 데가 없어. 그 때 전부 사가, 여성농악대. 전국에서 일등한 여성농악대 아녀. 그래서 선금 받고 밥 주구 술 주구 잠자리 주구…을매 있으면 일당 딱 줘. 다 줘서 오고. 그렇게 흥행이 돼버렸지 여성농악대가.' (강영수)

'(국악원생들이) 광한루 경내 누상서 공연을 했고, 그리고 인자 구례, 곡성, 사방을 다 다니면서 공연을 많이 하고 농악을 또 만들었어. 여성농악, 여성농악을 맨든 것도 대한민국에서 처음으로 맨든 거여. 우리가 맨든 게. 여성 농악 첨으로 맨든 사람이 김광식씨, 그 사람이 인제 국악원 임원이거든, 그 사람이 주로 서들어서 여성 농악을 맨들어 갖고 전국 각지를 다녔어. 가서 막 참 많이 칭찬을 받았지.'

(전 남원시립국악원 박병원 원장)

그게 다였다. 여성농악을 직접 했던 당사자들의 이야기는 전혀 없었다. 장봉녀, 배분순, 박복례 세 분이 남원에 살고 계시고 안숙선, 오갑순을 비롯해 여성농악단 출신 유명 국악인들도 있는데 그 책에는 조갑녀 명무 이외에 여성 국악인의 인터뷰는 없었다.

그런데 다행히 여성농악인 열 분의 이야기를 담은 『향기조차 짙었어라』(민속원, 2018)라는 책이 있다. 그 책을 읽으니 1960년대부터 70년대까지 여성농악인들이 얼마나 활발하게 활동했는지 알 수 있었다. 거기에는 해방된 뒤 '남원국악원'이라는 단체를 만들었으나 집도 절도 없어 여기저기 떠돌던 시절 이야기도 나온다.

'춘향전해야제, 심청전해야제, 홍보전해서 이렇게 돌아가면서 하니까… 끝나고 홍도(장봉녀)성하고 나하고 눈이 오나 비가 오나 그놈 수금해다가 줘갖고 그래갖고 그거, 시방 거기 부인병원 자리다. 거기서 국악원, 그리해갖고 애당초 국악원 만든 거여.'

(『향기조차 짙었어라』, 26쪽, 김정화 구술)

'하루 일당이 얼마다 하면은 학원치를 인자 싹 빼 놔부러. 한명에 얼마씩, 상쇠는 얼마, 장구는 얼마, 소고는 얼마, 이렇게 해가지고 남은 돈은 인자 학원에다가 모았지.'

(같은 책, 17쪽, 장홍도 구술)

춘향제 때는 춘향 제사며 공연, 길놀이, 창극까지 해냈다고 한다. 그러나 그분들의 이야기는 거의 알려지지 않았다.

그래서 이번 책에는 그 분들의 현재(2021년 3월부터 2025년 가을)와 과거(1960년대-70년대)를 함께 담았다. 1부 현재 이야기에는 조용히 묻혀 살던 네 분의 원로들이 세상에 다시 나와 서울 무대에 서기까지 남원 시민들과 뜨겁게 활동한 이야기가 담겨 있고 2부에는 『향기조차 짙었어라』(민속원, 2018)에 수록된 네 분의 구술 기록을 다시 붙여넣기했다. 그분들의 지난날 이야기들이 너무나 소중했기 때문이다.

여성농악 원로들이 세상에 다시 나오게 된 것은 남원역사연구회 강경식 회장 덕분이다. 강회장은 춘향 영정을 시작으로 춘향제를 연구하던 중 최봉선이 춘향제의 1등 공신이라는 것을 알게 되었고 그분에 대해 아는 분을 수소문하다가 장봉녀 선생님을 만나게 되었다. 그 뒤 5년째 남원역사연구회와 시민들은 원로들과 다양한 활동을 이어왔다. 이 책도 그 일환이다.

이번 책은 『이야기로 듣는 남원국악사』, 『향기조차 짙었어라』와는 사뭇 다르다. 과거에 화려했던 그분들의 이야기만이 아니라 이분들을 부활시킨 시민들의 활동을 의미있게 담았다. 시민들은 그분들이 다시 움직여 잊혀졌던 존재감을 스스로 증명하도록 도와드렸다. 이런 활동은 원로 한분 한분의 행복감을 크게 높여드렸을 뿐만 아니라 시민 활동의 영역을 넓혔으며 '국악의 도시'라고 자부하는 남원의 위상에도 보탬이 됐으리라고 본다.

과거와 현재는 이어져 있고 현재는 또다시 미래로 손을 뻗는다. 그러나 아무리 찬란했던 역사도 현재를 살아가는 사람들이 손 내밀지 않으면 결코 계승되지 않는다. 선대들이 만들어 놓은 든든한 바탕을 외면하고 새로운 길만 내려 하면 늘 허우적거릴 수밖에 없다. 그래서 프란치스꼬 교황은 청년들에게 '할아버지 할머니에게 달려가서 들으라'는 유언을 남겼다. 이 책에 담긴 네 분은 귀기울여 들을 만한 이야기를 많이 갖고 계신 귀한 할머니들이다. 더 늦기 전에 이런 기록물을 낼 수 있도록 힘써 주신 전라북도의회 임종명 의원께 고마운 마음을 전한다.

이 활동의 시작부터 끝까지 모든 과정에 함께 한 남원역사연구회 강경식 회장이 안타깝게도 지난 여름 유명을 달리하고 말았다. 운명은 베일에 싸여있고 시간은 아무도 기다려주지 않으니 곁에 있는 사람들이 더욱 소중할 뿐이다. 이 책을 고인의 영전에 바친다.

2025년 10월

남원역사연구회 김양오

· 차례 ·

책을 내며 4

## 여성농악 원로들과 시민들의 활동 이야기

/ 김양오 /

1장 — 아무 것도 생각 안 나 12
2장 — 세월은 멀리 갔어도 23
3장 — 60년 만에 컴백한 남원 여성농악단 29
4장 — 춘향제는 우리가 도맡아서 했지 51
5장 — 국악방송 스튜디오가 뒤집어지다 70
6장 — 20세기 여성농악과 21세기 여성농악의 만남 83
7장 — 62년 만의 서울 공연 93
8장 — 아흔 셋에 이사라니 109
9장 — 케라 대신 감사패 115
10장 — 인간문화재 나가신다 119
에필로그 126
소회 129

## 서울 남산국악당 공연

## 향기조차 짙었어라

/ 노영숙 /


들어가며 142

1장 — 여성농악 최초의 상쇠, 예인 장홍도 144

2장 — 여성농악의 장구스타 배분순 150

3장 — 춘향여성농악단의 열두발상모 박복례 171

4장 — 춘향여성농악단의 마지막 세대, 소고잽이 노영숙 205

남원여성농악 활동을 담은 영상 목록 271

2021

## 제1부

# 여성농악 원로들과
# 시민들의 활동 이야기

# 아무 것도 생각 안 나

컴퓨터 화면을 바라보던 강회장의 입이 다물어지지 않았다. 춘향 영정과 춘향제 탄생에 관한 자료를 찾다가 발견한 1931년 5월 28일 조선일보 기사였다. 춘향사당과 이목구비가 뚜렷한 젊은 여인의 얼굴이 담겨 있는 흑백 신문. 기사의 제목은 '새로히 창건된 춘향사와 춘향사 창건을 발의한 최봉선 예기'였다.

寫眞은 새로히創建된春香祠와
春香祠創建을發議한崔鳳

제1회 춘향제를 보도한 1931년 5월 28일 조선일보 남원에서 나고 자랐고 군대 생활 3년 빼고는 60년 넘게 단 한 번도 남원을 떠나 본 적이 없었는데 '최봉선'이라는 인물은 처음이라 어안이 벙벙했다. 이 기사 대로라면 춘향제를 만든 사람이 최봉선이라는 뜻이다. 춘향제는 춘향의 영정을 모신 사당에서 제사를 지내고 국악 잔치를 벌이는 것에서 시작된 것으로 우리나라에서 가장 역사가 깊은 지역 축제다. 그런데 그동안 가장 오래된 축제라는 자부심만 갖고 있었지 정작 춘향제를 시작한 사람에 대해서는 알려고 한 적이 없었다. 남원 어디에도 드러나 있지 않았고 학교에서 배운 적도 없었다.

강회장은 『춘향제 80년사』를 뒤져 보았다. '최봉선'이라는 이름이 나와 있었다. 1931년 춘향제가 시작될 때부터 제향을 도맡아 지내왔고 제향을 이어가기 위한 안정된 재정을 마련하기 위해 주천면의 논을 사서 기증했다는 내용도 나와 있었다. 이렇게 고마운 분이 다 있단 말인가? 남원은 오랫동안 춘향제로 먹고 산다는 얘기가 있을 정도로 춘향제 덕을 많이 보았고 지금도 춘향제 때 관광객이 가장 많이 온다. 춘향제와 남원은 하나다. 그런데 왜 이렇게 중요한 인물이 알려지지 않았을까?

3.1운동 100주년 기념 사업을 함께한 시민들이 뜨거운 동지애로 결성한 '남원역사연구회(이하 연구회)'의 회장인 강경식은 회원들에게 최봉선에 대해 알렸다. 회원들 역시 그렇게 중요한 분을 모르고 있었다는 사실에 모두 놀라며 최봉선에 대해 알고 계신 분들이 아직 살아계실 수 있으니 현수막을 걸자고 했다. 지금까지 알아낸 것은 남원 권번 수기생(기생 대표)이었고 나중에 부산관이라는 요릿집을 했다는 사실 뿐이었다.

"최봉선 여사에 대해 아시는 분들의 제보를 기다립니다."

남원 권번 으뜸 기생, 춘향제 창시자, 전)부산관 사장
최봉선 여사에 대해 아시는 분들의 제보를 기다립니다
특이사항 춘향사당 건립, 춘향제를 만들고 지키기 위해 온 생애와 재산을 바쳤으나 말년을 아는 분이 없음
춘향사당 정상화를 바라는 시민모임 강경식(010-4651-1515)

최봉선에 대해 아는 분을 찾으려고 건 현수막

며칠 뒤 현수막에 써넣은 강회장의 전화번호로 제보 전화가 왔다. 뒷집에 아흔이 넘으신 할머니가 사시는데 옛날에 판소리도 하고 농악도 하셨다니 한번 와서 물어보라고. 강회장은 연구회 회원인 김영기와 함께 그 분의 집을 찾아나섰다. 그 할머니 집은 광한루 서문 바로 앞이었다. 하지만 너무 오래 전 일이라 아무 것도 모른다며 만나주지도 않으셨다. 두 사람은 그래도 포기하지 않고 할머니와 함께 사는 막내 동생에게 문자를 보냈다. 시인인 김영기가 진심을 담아 쓴 장문의 문자가 마음을 흔들었는지 얼마 뒤 전화가 왔다. 일단 오시라고.

장봉녀 선생님댁 대문

강경식과 김영기는 음료수 한 상자를 사 들고 '장봉녀'라는 한글 문패가 달려 있는 초록색 대문을 열고 들어갔다. 아흔한 살의 장봉녀 선생님은 60대 초반의 이복 남동생 이강은 씨와 단둘이 살고 있었다. 동생은 침대에 모로 누워 텔레비전을 보고 있던 누이에게 다가가 "누님, 누가 왔어요. 일어나 보셔." 하면서 천천히 몸을 일으켜 드렸다. 트롯 가요에 빠져있던 어

르신이 어안이 벙벙한 눈으로 몸을 돌렸다. 귀도 어둡고 혼자서는 몸을 일으킬 수도 없는 노구였다. 강회장과 김영기가 인사를 드렸다. 그리고 옛날에 판소리를 잘하시고 활동도 많이 하셨다고 들었다면서 옛날 얘기 좀 들려 달라고 청했다.

장봉녀 그걸 뭐 헐라고 캘라고 하시오?

김영기 옛날에 그렇게 열심히 활동을 하셨는데 다 잊혀져 버리고 있어서요. 도리가 아니죠. 늦었지만 기록으로 남겨서 기억하고 예우도 해야 한다고 생각하고 있어요. 아흔이 넘으셨다는데 정정하시네요. 건강해 보이십니다.

이강은 옛날부터 계속 낭자를 하셔서… 한 번도 파마를 해 본 적이 없어요.

장봉녀 머리가 허얘 갖고. 평생 파마 한 번도 안 해 봤어요.

김영기 주름살도 없으시고 피부도 좋으시고 연세에 비해 훨씬 젊어 보이십니다.

강경식 사진을 하나 뽑아 왔는데요, 혹시 김영운 이분 기억이 나세요?

장봉녀 참말로 이 선생님이 어쩌고 여기에 계신댜아. 아이고 이 사진 어디서 났어요? 저는 선생님 사진 한 장도 없어요.

김영기 이분이 스승님이세요?

장봉녀 예에.

김영운 선생 사진 한 장에 기억의 뚜껑이 열린 듯 꽁꽁 묶여 있던 장봉녀 선생님의 이야기 보따리가 풀렸다.

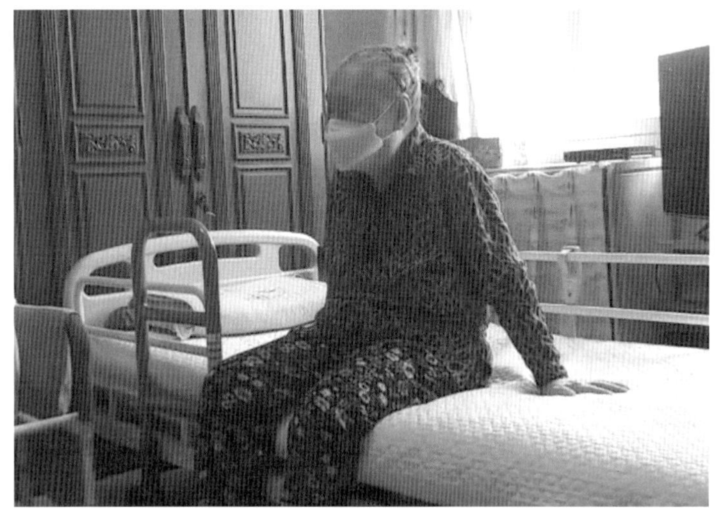

침대에 앉아 옛날 이야기 보따리를 풀기 시작하는 장봉녀 선생님

강경식 김영운 선생한테서 안숙선 명창, 이일주 명창도 판소리 배우셨다고 하던데요?

장봉녀 지금 일주 살아있던가요?

강경식 지금 전주에서 인간문화재 되셔서 전국에 알려졌고 안숙선 명창도 유명해요. 선생님만 이렇게 묻혀 계신 거에요.

장봉녀 저야 배운 것이 없잖아요. 누가 협력해 주는 사람도 없었고 그냥 이대로 묻혀 사는 걸로 알고 그냥 살았죠. 누가 물어보는 사람도 없어요. 그래서 곤란한 점도 많았고. 선생님 사진 보니까 기가 막히네. 저는 이 선생님께 독선생으로 배웠어요. 처음에는 강도근 선생한테 입학을 했는데 2,3년을 배우고 나니까 선생님이 단체를 가신대요. 저는 큰애기 몸으로 배운다고 배웠는데 가신다니 따라갈 수도 없고, 그래서 김영운 선생님으로 옮겼죠. 본격적으로 이 선생님한테 배우다가 도중 하차한 거에요. 하이고 나 참 선생님…"

김영기 몇 년이나 배우셨어요?

장봉녀 배우다가 끊다가 배우다가 끊다가 여러 번 그랬어요. 다른 선생님한테 가든 안 허고 계속 이 선생님한테 배웠죠. 김영운 선생님같은 군자는 없어요. 하이고 좋은 선생님이었어요.

강경식 판소리할 때 추울 때는 연탄불도 때주고 여성 농악도 맨들고 하셨더만요, 김영운 선생님이.

장봉녀 제가 여성농악도 댕겼어요. 배분순이도 데리고 다니고 오갑순이도 데리고 다니고 숙선이는 쬐깐했죠. 안숙선이가 젤루 막둥이로 따라다녔죠. 분순이는 장고치고 댕기고. 갑순이가 춘향 농악대 단장 딸이에요. 처음에는 남원 농악만 있었는데 춘향 농악대가 생기니까 거기로 가버렸죠.

김영기 선생님은 뭘 맡으셨어요?

장봉녀 저는 쇠를 들었어요. 얼른 말해서 지휘관이죠. 상쇠.

강경식 하이고!

강경식과 김영기는 깜짝 놀랐다. 이분이 1960년대에 우리나라에서 최초로 만들어진 여성농악대의 상쇠였다니! 최봉선에 대해 알고 싶어서 수소문해 찾아 왔다가 전설적인 인물을 만나게 된 것이다.

장봉녀 금추도 나 밑에 있었어요. 금추는 지금 어떻게 됐나 몰라.

강경식 이리 쪽에서 아주 훌륭하게 됐어요.

장봉녀 아이고 참말로 다 잘 됐네. 나만 이렇게 쪼그랑 바가지가 됐네요.

강경식 저희들 안 만났으면 큰 일 날뻔하셨어요.

김영기 여성농악 만들 때 어떻게 만들었는지 생각 나세요?"

장봉녀 그 때 아이들 가르치는 국악원이 있었어요. 지금처럼 큰 게 아니고 집 하나 얻어 가지고 거기서 배우고 왔다갔다 했어요, 재정이 없으니까. 누가 서두는 사람도 없고. 아이고 가난하게 살았어요. 그 단체가. 국악원에서 김영운 선생님이 여성농악대 만들자고 해서 만들었죠. 그 때 국악원은 장충관 뒷쪽에 그 쪽에 있었어요. 김광석이라는 분이 국악 회원인디 정읍 농악단에서 전사습이 와서 저희들 가르쳤어요. 그 때 대단했어요.

김영기 그 때 권번도 있었나요? 최봉선 여사도 아시나요?

장봉녀 그 때는 권번은 없었어요. 최봉선씨는 부산 여자에요. 남원에는 연고가 전혀 없는 분이에요. 애기도 없어요. 저희들이 볼 때는 결혼을 안 했고, 제일은행 사거리에서 시계방 쪽으로 부산관이라고 써져 있었는데 부산관 요릿집을 했어요.

김영기 부산관이 컸나요?

장봉녀 남원에서 부산관 하면은 알아줬지요.

김영기 최봉선 선생은 몇 살 때 만나셨어요?

장봉녀 제가 젊었을 때 만났어요. 결혼하고 나서였어요. 부산관할 때죠. 누구 소개로 만나서 춘향제 지낼 때 봉선씨를 만났죠. 사월 초파일 때 제지내는데 제원들 중에 제가 제일 막둥이였어요. 금남관 조기화, 조영숙, 내가 제일로 막둥이로 했어요. 제물은 최봉선씨가 다 마련해서 지냈죠. 남자들은 하나도 몰라요.

김영기 그런 것을 지금 사람들이 하나도 모르니까 알려고 온 거에요.

장봉녀 최봉선씨가 묻혔죠. 아파 가지고 부산으로 갔는가 어쨌는가 모르겠는데 돌아가셨어요.

김영기 결혼 안 했다고 하던데요.

장봉녀 영감님이 계셨어요. 연애했겠죠. 성씨가 강씨던가 그래요. 정확히 어디서 돌아가셨는지 아는 사람이 없어요.

김영기 최봉선 여사에 대해 더 생각나는 거 있으세요?

장봉녀 하도 오래 돼서... 최봉선씨는 큰 상을 줘야 해요. 춘향제 제사를 역대로 했어요. 해년마다 했어요.

강경식 올 해 춘향제가 91년째에요. 최봉선 여사는 1회부터 37회 때까진가 하셨어요.

장봉녀 저는 최봉선씨가 할 때만 했지 그 이후에는 하지 않았어요.

김영기 제원은 누가 선발했어요?

장봉녀 최봉선씨가 했지요. 그 전에는 다 요정에를 다녔죠. 밥벌이로 요정에 다니면서 소리하고 그랬어요. 최봉선씨 얼굴을 알긴 알아도 그 분의 출생이나 경력이나 아무 것도 몰라요. 그 때는 아주 높은 분이라 감히 얘기를 못해요.

김영기 춘향제를 만드실 정도면 활동력이 왕성하고 남자같은 성격이었을 것 같은데요?

장봉녀 아니에요. 성격이 온순하고 얘기도 가만가만허고. 내가 막둥이니까 나를 다독거리셨지요. 최봉선씨를 아는 사람들은 다 갔어요. 지금 남은 사람은 다 내 밑이에요. 없어요.

김영기 선생님은 춘향제 때 소리하셨나요? 공연은?

장봉녀 제사만 딱 지내면 끝났어요. 공연은 군청에서 알아서 했지요. 우리는 제사만 딱 지내고 끝나는 거에요.

강경식 누님 목소리는 아흔이 넘었는데도 카랑카랑하시고 소리를 계속하셨으면 대명창이 되셨을 것 같네요.

장봉녀 숙선이나 일주는 다른 데서 다 배워 온 사람들이에요. 나만 여기서 선생님들한테 배웠어요. 한 서른 먹어서 끝났을 거에요. 가난에 겨워서 뒷받침을 못 했죠. 숙선이처럼 위로 올라가지도 못하고. 어린 애 낳고 살면서 묻혀서 살았죠. 계속 했으면 그 사람들처럼 성공했겠죠. 너무 오래 돼서 지금은 못 해요. 이난초가 김영운 선생한테 많이 배웠어요. 명창으로 유명하죠.

김영기 강도근 선생님 성격은 어떠셨어요?

장봉녀 강도근 선생은 말할 것이 없어요. 김영운 선생은 찬찬한 성격이고 강 선생님은 나이가 좀 적어서 활동적이라서 나가는 곳이 많아요. 단체로도 나가고 다른 데로도 하고. 김선생님은 제자들 북 가르치고 저희들 소리 가르치고. 강도근 선생님은 우리가 배우다 잘 못하면 북채를 딱 내버리는 성격이 있고, 김 선생님은 우리가 알 때까지 열 번이고 스무 번이고 계속 가르쳐주는 성격이고 그래요.

장봉녀 선생님을 처음 만난 날 (강경식, 장봉녀, 김영기)

강경식 최봉선 여사를 아는 분이 누가 더 있을까요?

장봉녀 최봉선씨는 박병원씨가 훤히 알아요. 그이는 나보다 나이가 더 많으니 지금 100살 쯤 됐을 거에요. 지금 요양원에 계신다는데... 최봉선씨가 춘향제를 위해 애쓴 것을 아는 사람은 다 알았는데 그 사람들은 다 떠나버렸어요. (춘향) 영정 사진이 바뀌었을 거에요. 사진 한 장을 인민군이 찢어 버려서 화가를 데려다가 다시 그렸어요. (새로 그리기) 전에는 먼저 있었던 것(1931년에 처음 봉안된 영정)을 갖다가 제사를 지냈어요.

강경식 그 때 요정이 부산관, 장충관, 금남관, 남산관 이렇게 네 개였어요?

장봉녀 금남관은 허다가 여관으로 돌렸어요. 장충관이 제일 컸어요.

김영기 이 집은 옛날부터 사시던 집인가요?

장봉녀 제가 세 번을 이사왔어요. 가난하니까. 그대로 성공했으면 어쩔란가 모르겄어요. 뒤가 없으니께로 그대로 묻혀 버리고 말았어요.

강경식 벽에 있는 사진 좀 찍어가도 되지요?

장봉녀 선생님의 노년과 30대 때 사진이 안방 벽에 나란히 걸려 있다.

두 사람은 침대 앞쪽 벽에 걸려 있는 장봉녀 선생님의 사진 두 장을 렌즈에 담았다.

2장

# 세월은 멀리 갔어도

강회장은 장봉녀 선생님이 보통 귀한 인물이 아니라는 것을 알 수 있었다. 강회장도 농악, 즉 풍물에 일가견이 있는 사람이다. 1980년대 호남좌도 풍물굿의 전설로 불리던 양순용 선생이 남원에서 전수할 때 따라다니며 배웠기 때문이다. 워낙 박자 감각이 없어서 실력이 늘지 않아 심부름꾼을 자처했지만 나중에는 풍물패 '품앗이'의 회장을 맡았던 터라 이쪽에서 활동하던 70-80년대 인물들에 대해서는 꽤 알고 있었다. 그런데 여성들로만 구성된 농악대가 있었다는 사실은 금시초문이었다. 게다가 여성농악단의 상쇠를 하셨던 분을 만나니 흥분을 가실 수가 없었다.

강회장은 역사연구회 회원들에게 장봉녀 선생님에 대해 알렸다. 다들 눈을 번쩍 떴다. 강회장과 글을 쓰는 김양오는 여성농악단에 대한 책과 기록을 찾기 시작했고 국악을 하는 회원들은 악기를 들고 바로 장봉녀 선생님을 찾아갔다.

소리꾼 박순천이 장봉녀 선생님 앞에 앉아 사랑가를 부르기 시작했다.

"이리 오너라 업고 놀자 이리 오너라 업고 놀자 사랑 사랑 사랑 내 사랑이야..."

방바닥에 앉아 북반주도 없이 소리를 하는 박순천의 사랑가에 침대에 걸터앉아 있던 장봉녀 선생님이 두 손바닥으로 양 허벅지를 치며 중모리 장단을 맞춰 주셨다. 노래가 끝날 때까지 한 순간도 멈추지 않았고 어긋나지 않았다.

"아장아장 걸어라 걷는 태를 보자 빵긋 웃어라 잇속을 보자 아마도 내 사랑아."

노래가 다 끝나자 박수를 치며 칭찬의 말씀을 하셨다.

장봉녀 아이고 잘 해요.

박순천 아이고 참말로 장단이 저절로 나오시네요. 장단이 딱 딱 맞으셔요. 세상에.

장봉녀 참말로 나는 소리한 지 70년이 넘었네. 장단이 자꾸 삐잖아.

박순천 아이고 세상에 눈물날라고 그래요.

장봉녀 나는 썩었어. 살았으니께 그러지 벌써 저 세상으로 갔지. 우리 또래는 없어요.

손가락으로 눈물을 찍어낸 박순천이 소리를 또 하고 또 했다.

2021년 춘향제는 91회고 장봉녀 선생님 나이도 아흔 한 살이다. 일제강점기였던 1931년 남원시 주천면 작은 마을에서 장봉녀 선생님이 태어나셨고 남원 권번 기생들은 광한루 옆에 춘향사당을 짓고 춘향의 제사를 모시기 시작했다. 남원 권번 기생들만이 아니다. 당시 항일 의식이 매우 높았던

장봉녀 선생님 앞에서 소리하는 박순천

전국의 권번에서 사당 건립 기금을 모아줬다. 1919년 만세운동에 적극 참여했던 평양 권번과 진주 권번이 남원 권번 기생들과 함께 초헌 아헌 종헌을 맡아 제사를 올렸다. 이렇게 거국적으로 시작한 춘향제를 발의하고 주도해 간 사람이 바로 최봉선이라는 남원 권번의 대표 기생이었다.

며칠 뒤 강회장은 '국악놀이단'을 운영하는 김경숙 단장을 데리고 장봉녀 선생님을 찾아갔다. 김경숙은 봉고차에 소리북, 꽹과리, 장고까지 싣고 왔다. 소리하는 박순천, 글쓰는 김양오, 사진 찍는 김영기도 함께 움직였다. 늘 그렇듯이 침대에 누워 텔레비전을 보고 있던 장봉녀 선생님은 악기를 들고 들어오는 사람들을 보고 이게 무슨 일인가 하는 표정으로 놀라움과 반가움을 감추지 않으셨다. 김경숙 단장이 정중히 인사드리고 다정하게 손을 맞잡고 침대 앞에 앉아,

김경숙 선생님, 생각 나는 소리 있으세요?

장봉녀 생각도 안 나고 숨이 차서 못 불러요.

김경숙 그럼, 북채만 한번 잡아 보실래요?

김경숙이 북채를 내미니 야무지게 쥐셨다.

김경숙 북 한번 쳐보실래요?

장봉녀 손이 안 돌아가 못 쳐요.

김경숙 그래도 한 번 쳐보세요. 제가 같이 쳐 드릴게요.

못 친다고 말은 했지만 북채를 잡으니 눈길은 자동으로 북으로 옮겨 갔다. 김경숙은 선생님을 부축해 침대에서 일으켜 세워 방바닥에 있는 북 앞에 앉혀드렸다. 등을 벽에 기댄 채 장봉녀 선생님이 힘차게 북채를 내리쳤다.

따닥!

"으이!"

수십년 만에 치는 북이었지만 수십 년 내공이 쌓여 있는지라 앉은 품새와 구음, 북소리에서 진중함이 느껴졌다. 평소에는 오른손이 제멋대로 덜덜덜 떨렸지만 북을 치는 손길은 깔끔했다. 대선배가 고수가 되어 북반주를 하자 박순천이 감격에 겨운 눈빛으로 흥보가 한 자락을 뽑았다. 배고픈 흥보가 부르는 '돈타령'이었다.

"돈 봐라 돈 돈 봐라 돈 돈돈돈 돈 봐라 돈

우선 배가 고프니 떡국 집으로 들어가자!

여보 떡국 장사 떡국 두 그릇만 주오~~"

선생님이 "으이"하며 추임새도 알맞게 넣어가며 북을 쳤다.

작고 오래된 집들이 나란히 있는 골목 끝 슬라브집, 마당에 서 있는 단감나무와 대추나무에서 고개를 내밀까말까 망설이던 새순들이 주인 할머니의 북소리에 깜짝 놀라 불쑥 잎을 틔워내기 시작했다. 멀리 강남 갔던 제비가 조만간 박씨를 물고 올지도 모를 일이었다.

강회장과 역사연구회 회원들이 일주일에 한두 번씩 선생님을 찾아 뵙고 꾸준히 그렇게 함께 놀아드렸다. 누가 시킨 것도 아니고 누가 하자고 한 것도 아니었다. 선생님은 손장단, 북장단으로 시작해 날이 갈수록 할 수 있는 게 늘어나셨다. 트롯트 한 곡, 단가 한 대목, 판소리 한 대목을 부르셨고 점점 더 오래 앉아 계셨다. 그러던 어느 날 꽹과리를 대령하니, "손이 안 돌아가." 하시며 가당치 않다고 하셨다. 그러나 딸처럼 어리광을 부리

장봉녀 선생님 소식을 듣고 찾아 와 악기를 치며 흥겨운 시간을 보낸 시민들

는 김경숙의 권유를 뿌리치지 못해 양손에 쇠와 채를 잡고 때리기 시작하니 "갠지갠지갠지갠지" 소리가 정확하게 나왔다. 바로 어제까지 농악대를 이끌었던 상쇠처럼.

김경숙은 장고를 메고 김양오는 북을 잡고 강경식은 징을 쳤다. 선생님의 삼채 가락이 끊이지 않고 길게 이어졌다. 꽹과리를 잡은 손이 점점 더 신명이 나 삼채에 이어 휘모리까지 쭉 뽑아내셨다. 영상 촬영을 하던 김영기 시인이 갑자기 핸드폰을 끄고 주춤주춤 일어나더니 춤을 추기 시작했다. 무릎을 반쯤 구부린 채 까치발을 들고 엉덩이를 쑥 빼고 두 팔을 나풀거리며 방안을 돌아다녔다. '병신춤'을 흉내내는 것인지 그 어디서도 보지 못한 우스꽝스런 춤에 악기를 치는 모든 사람이 함박 웃음을 지으며 더 신나게 쳐댔다. 장봉녀 선생님도 활짝 웃으며 꽹과리를 계속 치셨다.

얼씨구~ 갠지갠지갠지갠지~ 덩더쿵다쿵 ~ 덩덩덩덩 ~ 징~~

늘 텔레비전 소리만 왕왕거리던 낡은 슬라브집이 풍물 소리, 웃음소리로 가득찼고 골목길마저 들썩거렸다.

3장

# 60년 만에 컴백한 남원 여성농악단

아무 것도 생각 안 나, 손이 안 돌아가 하시던 장봉녀 선생님은 점점 많은 것을 할 수 있게 되셨다. 하루 종일 누워서 텔레비전만 보며 굳어져가던 아흔한 살 노인의 뇌에 풍물 가락이 스멀스멀 들어가자 잠자던 뇌가 깨어나고 주름진 손에 깊이 박혀 있던 흥 세포가 되살아났다. 트로트는 쉽게 불러도 판소리는 숨이 차서 못한다고 하시더니 북소리에 폐도 기운을 차렸는가 소리가 점점 길어지고 까마득한 우물 속에 빠져 있던 판소리 사설을 한 소절 한 소절 길어 올리셨다.

김경숙 단장이 선생님을 놀이단으로 초대했다. 주택가에서 풍물을 계속 치는 것이 이웃에게 민폐가 될 수도 있고 모든 악기가 다 준비되어 있는 넓은 공간에서 여럿이 모여 함께 치면 더 좋아하실 것 같아서다. 동생 강은씨가 휠체어에 누이를 태우고 놀이단을 향해 재게 걸었다. 날씨가 많이 따뜻해져서 노란 봄잠바에 뜨개 모자, 마스크를 하고 길을 나선 장봉녀 선생님. 병원에 가는 일과 산책하러 나가는 것 말고는 어디 외출할 일이 없던 두 남매는 봄바람 난 처녀처럼 설레는 마음으로 국악놀이단에 도착

했다. 휠체어를 밀고 15분 가량 걸으니 도착할 정도로 참으로 가까운 곳이었다.

놀이단에는 벌써 많은 사람들이 모여 악기를 치고 있었다. 휠체어에서 조심조심 일어나 김단장의 손을 잡고 한 걸음 한 걸음 놀이단에 발이 들여 놓는 장봉녀 선생님의 손은 벌써 삼채 장단을 치고 있었다. 악기를 치던 사람들이 모두 일어나 인사했다. 우리나라 여성농악단의 전설을 만나는 순간이라 예의를 갖추면서도 기쁨과 감동을 표현하면서 인사했다. 선생님이 자리에 앉아 꽹과리를 잡으니 딱 상쇠다. 당시에는 상쇠를 '상쇠영감'이라고 불렀다고 말씀하셨다. 장봉녀 상쇠 영감이 국악놀이단에 모인 시민들을 이끌며 풍물굿을 시작했다.

국악놀이단에서 장봉녀 선생님과 풍물을 치고 있는 시민들

갠지갠지갠지갠지 개갱개갱 갠지갠지

깊이 눌려 있던 무언가가 터뜨려지는 소리가 쏟아져 나왔다.

어린 자식들 키우느라 판소리도 접고 꽹과리도 놓고야 말았던 세월, 다시 잡으리라 상상도 못했던 일이 아흔이 넘어서 벌어지고 있었다. 장고 세 개, 북 두 개, 상쇠를 보좌하는 부쇠도 한 명, 강회장은 징을 맡았다. 역사 연구회 회원 정용완은 열심히 사진과 영상 촬영을 했다. 언제 쓰일지 모르지만 소중한 순간이라 무조건 찍고 보는 것이다. 굿을 신나게 친 뒤 선생님은 판소리 단가 '백발가'도 부르고 트롯트 가요도 몇 곡 부르며 신나게 노셨다. 수십년 묵은 체증이 쑥 내려간 듯 해맑은 표정이 활짝 펴졌다. 그렇게 놀고 집에 가는 길에 광한루 담장 밖으로 고개를 내민 노란 산수유꽃이 싱긋 웃어주었다.

며칠 뒤, 장봉녀 선생님과 회원들이 예촌 광장 정자에서 북치고 노래하며 놀고 있었다. 그 때 노래 소리에 이끌려 할머니 한 분이 다가왔다. 장봉녀 선생님이 반갑게 맞이 했다. 그 분은 옛날 국악원에서 함께 소리도 배우고 여성 농악도 했던 분이라고 한다. 장봉녀 선생님이 그동안의 자초지종을 말씀하시고 다음번 모임 때 나오라고 하셨다. 나중에 알고 보니 그 분은 소고를 치면서 상모를 돌리는 벅구 중의 대표 벅구(수벅구)셨다. 공중재비와 자반뒤지기까지 해내던 토끼같은 여자 아이가 팔순이 다 된 것이다. 성함은 박복례, 박복례 선생님 댁이 마침 국악놀이단 근처였다.

며칠 뒤 국악놀이단에 장봉녀 상쇠영감과 박복례 수벅구가 자리를 잡고 앉았다. 원로 여성농악단원 두 분이 함께 하신다니 더 많은 회원들이 모여 놀이단 연습실이 좁을 정도였다. 시끌벅적 인사가 끝나고 "개갱개갱 개갱개갱" 쇳소리가 울렸다. 상쇠영감이 굿을 알리는 삼채 가락을 치기 시작한 것이다. "덩덩 궁따궁 덩덩 궁따궁" 장고 소리가 양철 지붕에 소낙

국악놀이단에서 장봉녀 선생님과 이야기를 나누고 있는 박복례 선생님

비 쏟아지듯이 쏟아졌고 북은 천둥처럼 울렸다. 강회장이 쳐대는 징에서는 거센 바람소리가 났다. 징징징…

한동안 옆에서 지켜보기만 하던 박복례 선생님이 드디어 소고를 잡았다. 스무살 무렵에 내려놓고 쳐다도 보지 않았던 소고. 홍도 성님이 쇠를 치시니 가만히 보고만 있을 수 없는 일이다. 여든 가까운 나이가 되어 다시 잡았지만 하나도 어색하지 않았다. 몸에서 춤이 굼실거렸다. 하지만 늙은 삭신이 무거워 차마 일어나지 못하고 앉아서 소고만 쳤다. 그러나 들썩이는 어깨는 감추지 못했다. 옆에서 이를 지켜보던 김양오는 입을 다물지 못했다. 몸속에 춤이 들어있다는 말이 바로 이런 것이구나! 실감하는 순간이었다.

다음날, 강회장과 김경숙, 김양오는 장봉녀 선생님을 모시고 용남시장으로 갔다. 남원여성농악단에서 장고를 쳤던 배분순 선생님을 만나기 위해서다. 박복례 선생님이 알려주신 분인데 장봉녀 선생님이 무척 그리워하던 후배였다. 배분순 선생님을 만나러 간다는 말에 장봉녀 선생님은 "분순이를 찾았어?"하며 기쁨을 감추지 못했다.

장봉녀 선생님이 용가리 반점에 들어서자 마스크를 쓴 배분순 선생님이 그렁그렁한 눈빛으로 성큼 다가와 장봉녀 선생님의 손을 잡았다. 코로나19 때문에 마스크로 얼굴을 반 이상 가렸지만 두 사람은 눈빛으로 서로를 금방 알아볼 수 있었다. 맞잡은 손을 서로 쓰다듬으며 엉거주춤 서서 무슨 말을 어떻게 시작해야 할지 모르는 두 어른. 두 사람을 스쳐간 세월이 50년인지 60년인지 정확히 알 길이 없었다. 김경숙과 김양오가 두 분을 박복례 선생님이 앉아 계신 자리로 모시고 가 앉혀드렸다. 앉아서도 둘은 손을 맞잡고 서로에게서 눈을 한 순간도 떼지 않았다.

장봉녀 지금 자네가 몇이여?
배분순 아홉이요.
장봉녀 예순 아홉?
배분순 호호호 예순 아홉이면 좋지.

옆에서 아들이 '일흔 아홉이요'하고 외쳤다. 장봉녀 선생님이 깜짝 놀라며 헛웃음을 웃었다.

배분순 아들이 여기서 장사를 해요. 그래서 김치도 담가주고 식당 일을 도와주고 그러는데 갑자기 아파서 뭘 하기가 싫어 이제.

후배가 아프다는 말에 걱정 가득한 말로

장봉녀 그럼 약 먹었어? 약 먹어야지.

배분순 먹었죠. 세상에, 아이고 성님은 꽹과리 치고 나는 장고 치고 할 때가 참 좋았는디.

박복례 어제 한바탕했어. 가락 다 아시더만.

장봉녀 내가 자네맹키로 다 죽게 됐는디 이 사람들 만난 뒤로 생기가 돋아. 1주일에 한 번을 만나도 웃음이 나오고. 오늘 만나기로 했지, 그 사람들 온다고 했지 그러면서. 분순이가 대담하고 장고도 잘 치고 얼굴도 이쁘고 그랬는디… 춤도 잘 추고. (김경숙을 보고) 저번에 내가 분순이 분순이 했지? 몇십 년 만이냐?

배분순 수십 년 됐죠.

장봉녀 이산가족이여 이산가족. 분순이 장고 노래 한 번 봐야 허는디.

박복례 (김경숙을 보며)이 사람 집에 가면 악기 다 있응게. 거기 가서 같이 해요.

배분순 선생님은 남원여성농악단의 수장고였다. 남자 농악처럼 그냥 걷고 뛰며 장고만 치는 것이 아니라 잘록한 허리에 장고를 메고 멋드러진 춤을 추니 서울 경기도부터 충청도 전라도 경상도 사내들 가슴을 죄다 뒤흔들어 놓았다. '러브레터'가 끝도 없이 쏟아졌던 스타 중에 스타였다. 국악원에서 김영운, 강도근 명창에게 배운 소리도 수준급이고 남원 최고의 춤꾼이었던 조기화 명무에게 배운 민살풀이(수건 없이 맨 손으로 추는 살풀이춤)도 빼놓을 수 없었다. 서울까지 가서 박초월 명창에게 창을 더 배웠고 전주에 가서 설장고도 따로 배웠다. 이 판에서 최고가 되려고 그렇게 부단히 애쓰던 예인이었다.

며칠 뒤 국악놀이단에 상쇠 장홍도, 상장고 배분순, 수벅구 박복례 세

분이 다 모였다. 함께 연주할 놀이단 단원들과 연구회 회원들도 모였다. 악기를 못 치는 회원은 사진을 찍고 잔심부름을 했다. 이날부터 박복례 선생님이 드디어 소고를 들고 일어섰다. 몸 속에서 맴도는 흥을 더 이상 누르지 못하고 낡은 삭신을 일으킨 것이다. 한 손에 소고를 다른 한 손에는 소고채를 들고 두 팔을 쫙 벌린 박복례 선생님의 시선은 사뭇 진지해졌고 구부정했던 허리는 꼿꼿하게 펴졌다. 한 걸음 한 걸음 거침없이 내딛는 걸음이 춤이 되었다. 춤이 무르익자 상쇠영감이 오방진에서 휘모리로 가락을 넘겼다.

"워워!"

악이 빨라질수록 추임새가 힘차게 쏟아져 나왔다. 본래 소고잽이는 이때 상모를 돌리고 자반뒤집기를 해야 한다. 그러나 박복례 선생님은 휘모

1주일에 한번씩 국악놀이단에서 함께 풍물을 치는 세 원로와 시민들

리 가락을 뒤로 하고 천천히 자리로 돌아와 앉고 말았다. 그게 여든을 바라보는 벅구의 최선이었다.

그렇게 1주일에 한 번씩 따박따박 연습을 했다. 예촌 광장에 나가서도 치고 요천변 정자 나무 아래에서도 놀았다. 신나게 풍물을 치며 뛰고 있는데 비가 와서 정자로 올라가서 풍물을 친 날도 있었고 시끄럽다고 주택가에서 항의가 들어와 악기를 메고 다른 곳을 찾아 길을 떠난 날도 있었다.

요천변 십수정에서 박순천, 김경숙과 즐거운 시간을 보내고 있는 장봉녀(상)
갑자기 내린 비를 피해 정자 아래에서 연습하는 모습(하)

어떤 목표가 있는 것은 아니고 그저 어르신들이 좋아하시니 그렇게 모여서 함께 놀아 드린 것뿐이었다.

북을 치며 노래를 부르고 있는 장봉녀

강회장이 여성농악에 대해 조사를 하다가 『향기조차 짙었어라』 책을 찾아냈다. 그 책은 1960년대-70년대 남원여성농악단과 춘향여성농악단에서 활동했던 예인들의 이야기를 실어놓은 것으로 장봉녀 배분순 박복례의 구술 기록도 들어가 있었다. 그 책을 읽으면 당시 여성농악단의 인기가 얼마나 대단했고 남원 국악사에 얼마나 중요한 분들이었는지 알 수 있었다. 강회장은 책을 여러 권 사서 원로들께 한 권씩 드렸다. 옛날에 받았는데 어디 가고 없다며 오랜만에 만나는 당신들의 책을 몹시 반가워 하셨다. 여성농악예인구술집 『향기조차 짙었어라』(민속원, 2018)는 여성농악단의 막내였던 노영숙 선생님과 전북대 권은영 박사가 함께 만든 것으로 안숙선 명창을 포함해 당시에 활약한 여성농악인 열 분의 이야기를 담고 있었다. 책을 만든 노영숙 선생님은 춘향여성농악단에서 소고를 했던 분으로 지금은 안성에 사신다는 말씀도 해 주셨다. 더불어 산청에는 장봉녀 선생님과 꽹과리를 치셨던 김정화 선생님이 사신다는 사실도 알려주셨다.

5월, 춘향제가 시작되어 남원이 들썩였다. 해마다 춘향제 기간이면 남원은 관광객으로 북적였다. 그러나 왕년에 춘향 제사를 비롯해 행사를 도

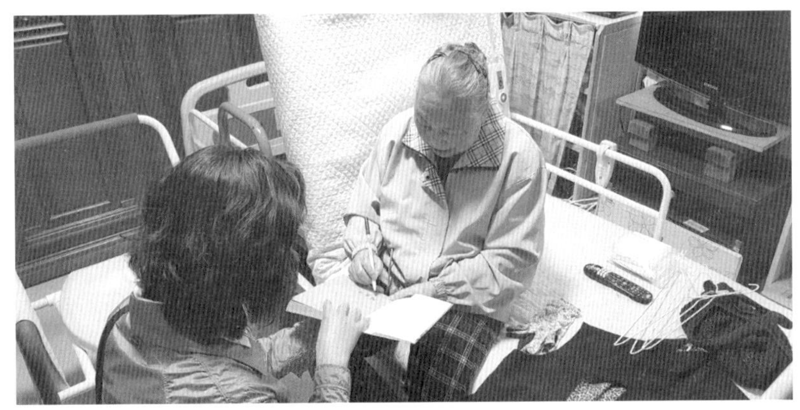

여성농악예인구술집 『향기조차 짙었어라』에 싸인하고 있는 장봉녀

맡아 하셨던 분들이 연로하셔서 아무 것도 못하고 아무도 기억해 주지 않는다는 사실은 참으로 쓸쓸한 일이다. 그런데 춘향제 때마다 여전히 활발하게 활동하는 여성농악 출신 국악인이 있다. 바로 안숙선 명창이다. 김양오는 안숙선 명창 얘기를 자주 하시는 장봉녀 선생님을 위해 안숙선 명창을 한번 만나게 해드리면 좋겠다고 생각했다. 춘향제전위원장이고 판소리 명창대회 심사위원장이라 남원에 며칠 계실 거라 생각하고 연락처를 수소문해 간신히 매니저로 함께 활동하는 안숙선 명창의 오빠와 연락이 닿았다. 다행히 그분도 장봉녀 선생님을 잘 알고 계셨고 무척 반가워 하셨다.

그리고 며칠 뒤 비가 오는 늦은 저녁 두 분의 만남이 성사되었다. 명창대회가 늦게 끝나 무척 피곤한 상태였지만 안숙선 명창은 장봉녀 선생님을 뵈러 왔다. 연구회 회원들은 두 분의 만남을 편안한 곳에서 성사시키기 위해 아늑한 장소(정인숙 회원이 운영하는 찻집)를 마련하고 장봉녀 선생님을 찻집으로 모시고 갔다. 강회장의 차를 타고 먼저 온 장봉녀 선생님이 정인숙이 대접한 따뜻한 차를 마시며 기다리고 있으니 마스크를 쓴 안숙선 명창과

안숙선, 장봉녀, 안숙선의 오빠 안영선

장봉녀 선생님과 안숙선 명창의 만남을 성사시킨 연구회 회원들

오빠가 들어왔다. 두 분은 너무나 반가워 하시며 손을 맞잡았다. 나이도 나이지만 몸이 약한데다 과도한 일정에 물먹은 솜처럼 지쳐 있는 안숙선 명창의 손을 잡은 장봉녀 선생님이 몹시 안쓰러운 눈빛으로 후배의 건강을 챙겼다. 안숙선 명창은 조용한 음성으로 대선배님의 안부를 여쭈었다. 한국뿐 아니라 세계에 알려진 판소리 프리마돈나지만 대선배 앞에서는 그저 어린 후배일 뿐이다. 안숙선 명창의 오빠까지 세 분은 헤어질 때까지 손을 놓지 않았다. 언제 또다시 만날지 모르는 귀중한 시간이 5월 밤비 속에 천천히 흘러갔다.

무더운 한여름은 쉬고 9월에 다시 만났다. 꼭꼭 접어 눌러놨던 신명을 깨워놨으니 할머니들은 한여름 두 달이 그렇게 길게 느껴질 수가 없었다. 국악놀이단에 다시 모인 세 할머니들과 시민들은 한바탕 놀고 다시 넓은 예촌 광장으로 나갔다. 상반기처럼 1주일에 한번씩 그렇게 매주 연습하던 어느 날 '문화예술기획 섬진강' 우진용 대표가 김양오에게 다가와 반갑게

60여 년 만에 컴백 공연을 준비하는 여성농악 원로들

인사를 했다. 국가민속문화재 몽심재(남원시 수지면의 고택)에서 문화재청 사업을 함께 하고 있는 사이였다. 김양오가 세분에 대해 간단히 얘기해 주자 우진용 대표는 뜻밖의 제안을 했다. 10월에 문화재청 사업으로 '문화재 야행'을 준비하고 있는데 우리에게도 무대를 마련해주고 싶다는 제안이었다. 광한루 인근 어디서든 풍물 공연을 하면 공연비를 준다고 했다. 김양오가 곧바로 어르신들과 회원들에게 내용을 전달하니 다들 무척 좋아했다. 어차피 매주 연습하는 거 조금 더 열심히 하고 다듬으면 공연이 되는 것이었다. 캐라(공연비, 게런티에 해당하는 옛말)를 받고 공연하게 됐으니 남원여성농악단이 60여 년 만에 컴백 공연을 하게 되는 셈이다.

"농악의 꽃은 농부가여."

노영숙, 장봉녀, 김정화, 배분순, 박복례

원로들은 정식 공연을 앞두고 농부가를 집중해서 연습하셨다. 첫소리는 장봉녀 상쇠가 두 번째는 배분순 세 번째는 박복례 선생님이 하는 것으로 자연스럽게 정해졌다. 박복례 선생님은 소고춤 연습도 열심히 하셨다. 그리고 산청에 사시는 김정화 선생님과 안성에 사시는 노영숙 선생님도 부르자고 하셨다. 『향기조차 짙었어라』 책을 낸 바로 그 노영숙! 이번 공연에 두 사람도 함께 했으면 좋겠다는 것이다. 강경식 회장이 산청으로 김정화 선생님을 모시러 가겠다고 했다. 연락을 드리니 다행히 두 분 다 기쁘게 화답하셨다.

문화재 야행 공연 전날, 용가리 반점 뒷방에 우리나라 최초의 걸그룹이 다시 모였다. 일제강점기 때부터 세 명이나 두 명의 여자 가수들이 함께

문화재 야행 공연장인 '안숙선 명창의 여정' 마당에서 리허설을 하고 있다

노래 부르는 팀은 있었지만 지금 걸그룹처럼 노래하고 춤추고 연기에 MC에 모든 것을 다하는 연예인들은 없었다. 그러데 이분들은 노래(판소리, 민요)하고 춤(소고춤, 승무, 살풀이...)추고 연극(춘향전, 심청전...)하고 쇼(만담과 개그도 했다고 함)도 했다 하니 이분들이야말로 최초의 걸그룹이다.

머리에 종이꽃 달고 전국을 팔랑팔랑 뛰어다니던 그야말로 꽃같던 여자아이들이 60년 만에 구순 팔순 칠순 할머니가 되어 한 자리에 모인 것이다. 아, 그때 장봉녀 선생님은 30대 초반으로 결혼한 애기 엄마였다. 60여 년 만의 컴백 공연을 앞두고 있었지만 누구 하나 공연 걱정하는 사람이 없었다. 전국에 유랑 다닐 때 숙소에서 모여 놀았던 그 어여쁜 시절처럼 꽹과리 치고 북치고 장고치고 춤추며 밤늦게까지 놀았다. 상쇠 장홍도 선생님 옆에 김정화 선생님이 부쇠를 치고 그동안 혼자 소고춤을 추던 박복례 선생님이 노영숙 선생님과 함께 추니 더욱 아름다웠다. 고색창연한 벽지와 물건들로 가득한 용가리 반점 뒷방이 갑자기 대한민국 최초 걸그룹의 컴백 준비 장소가 되었다. 조명은 어두침침한 형광등뿐이지만 다섯 분이 발산하는 신명으로 용가리 반점 뒷방은 찬란하게 빛났다.

다음날인 2021년 10월 17일, 티 없이 새파란 가을 하늘에 쨍하고 아침 해가 솟았다. 아직 나무 냄새가 가시지 않은 큰 한옥 건축물 '안숙선 명창의 여정' 마당이 부산하다. 머리에 빨간 심이 박힌 하얀 종이꽃을 달고 빨간 조끼를 입은 여성농악단 원로들부터 많은 사람들이 이런저런 준비로 어수선하게 움직였다. 파란 조끼를 입은 젊은 풍물패들은 제각각 가락을 맞춰보고 발걸음을 연습하고 상모도 돌려보았다. 가장 바쁜 건 김경숙 단장이다. 김단장은 며칠 전부터 선생님들의 복색을 준비해 왔다. 머리에 다는 종이꽃을 만들고 체격에 맞는 옷과 신발을 구하고 색색깔 허리끈과 화장품까지 준비해 왔다. 종종 걸음으로 뛰어다니면서도 김단장의 얼굴에는 즐거운 빛이 가시지 않았다. 꽃샘추위가 왔다갔다 하던 지난 3월 장봉녀 선생님을 처음 뵈었을 때를 생각하니 감개무량할 수밖에 없다. 아무것도 생각이 안 난다며 침대에서 일어나기도 힘들었고 제멋대로 덜덜덜 떠는 손을 보여주시며 '손이 안 돌아가' 하시던 분인데 이렇게 꽹과리를 들고 서서 풍물패를 지휘하는 상쇠 역할을 하고 계시지 않은가? 관절이 많이 안 좋아서 가게 안에서나 돌아다니시던 배분순 선생님도 장고를 메고 서 있고, 관절약을 하도 많이 드셔서 얼굴이 띵띵 부어 있고 소화가 안 돼서 얼굴이 찡그려져 있던 박복례 선생님도 언제 아팠냐는 듯이 소고춤을 출 태세를 갖추고 있지 않은가?

그런데 애석하게도 강회장이 멀리 산청까지 가서 모시고 온 김정화 선생님이 어제 화장실에서 넘어져 크게 다쳐 공연을 못하게 되셨다. 강회장은 김정화 선생님을 병원에 입원시켜 드리고 퇴원하실 때까지 자식처럼 수발을 들었다. 노영숙 선생님은 여성농악 예인구술집 『향기조차 짙었어라』를 함께 만든 전북대 권은영 교수에게 공연 소식을 알렸고 권교수는 한달음에 남원으로 달려왔다.

삐이 삐리리 삐이이~~~~

하얀 두루마기를 입은 젊은 연주자가 파란 하늘을 향해 태평소를 힘차게 불었다.

갠지갠지갠지갠지~~~

장봉녀 상쇠 영감이 꽹과리를 치기 시작했다. 몇 달 전까지 침대에서 누워 지내던 아흔 넘은 할머니라고는 믿기지 않을 힘있는 소리였다. 상쇠의 지휘에 따라 단원들도 모두 각자의 악기를 치고 굴신하며 큰 원을 만들어 나갔다. 상쇠 장봉녀와 상장고 배분순만 원 안에서 조금씩 걸으며 쳤다. 큰 폭으로 걷기에는 무리였다. 상쇠 영감은 다부진 눈빛으로 원을 그리는 단원들을 하나하나 지켜보면서 손을 멈추지 않았다. 그 옛날 서울 운동장에서 남원여성농악단을 지휘했을 때 그 눈빛 그대로였다.

원로들과 신나게 공연을 하고 있는 국악놀이단 단원들

아침 햇살에 길게 뻗은 열다섯 개의 그림자도 덩실덩실 굴신하며 걸었다. 북을 들고 쇠를 들고 장고를 메고 징을 치며 함께 하고 있는 젊은이들이 펄쩍펄쩍 뛰고 빙글 돌고, 시민 활동가 이성채는 아예 신발을 벗고 맨발로 북춤을 췄다. 강회장도 징을 울리며 뛰어다녔다. 그렇게 강강수월래하듯 한참을 돌고 있는데 쇳소리가 멈췄다. 개인 놀음 시간이 온 것이다.

느린 가락에 맞춰 풍채가 좋은 박복례 선생님이 한발 한발 발을 엇갈려 디디며 원 가운데로 들어섰다. 두 팔로 활개를 벌리며 걷기만 하는데도 머리부터 발끝까지 그냥 춤이 되었다. 60년 동안 추지 않았지만 어릴 적 흠뻑 적셔놨던 흥 유전자는 멍석을 깔자 그냥 터져 나와 버렸다. 춤이 무르익자 박복례 선생님은 소고를 치면서 빨리 도는 것을 시도했다. 그러나 여든 살 가까운 노구의 관절이 회전을 용납하지 않아 아쉬운 표정으로 후배 노영숙을 불렀다.

이제 일흔 살밖에 되지 않은 젊은 벅구가 등장하자 가락도 빨라졌다.

춘향여성농악단 막내 소고잽이였던 노영숙

1970년 '오사카 엑스포 70'에 나가 채상 소고 놀이로 '간판스타'가 됐던 노영숙, 그 당시 대한민국의 산업관에는 거북선 모형과 '말표 고무신'이 전시될 정도로 보여줄 것이 없던 시절이다. 깜찍하고 귀여운 10대 노영숙이 소고를 치면서 팔짝팔짝 뛰어다니고 자기 몸보다 수십배는 긴 끈을 돌리며 별의별 재주를 다 부리니 외국인들의 탄성이 계속 터져나왔다. 그렇게 나어린 여자 아이들이 대한민국의 체면을 살리던 시절이었다. 엑스포와 재일교포 위문 순회 공연을 하고 돌아온 노영숙은 진짜 '간판 스타'가 돼 있었다. 그런 노영숙 선생님이 엑스포 70이 아니라 나이 70이 돼서 고향 남원으로 돌아온 것이다. 노영숙 선생님은 빠른 장단에 맞춰 한발로 소고를 차기도 하고 앉았다 일어서면서 다양한 개인기를 보여줬다. 얼마 뒤 흥이 한껏 차오르자 자반뒤집기를 시도했다. 소싯적처럼 완전한 자반뒤집기는 할 수 없지만 약식으로나마 몸을 뒤집었다. 가능했다. 함성이 터졌다. 그러나 더이상은 불가능했다. 소고를 팽그르르 돌리며 개인 놀음을 마무리하고 들어가는 노영숙 선생님의 표정에 아쉬움이 역력했다. 개인 놀음이 끝나자 상쇠영감이 입을 뗐다.

"잘 한다. 아, 우리 이렇게만 할 것이 아니라 농부가를 한번 해 보면 어떨까?"

"예이~!"

"여어 여어 여어여루 상사디여 여럴럴러 상사디야

여보시오 농부님네 이내 말을 들어보소 아나 농부들 말 들어요..."

상쇠의 선창에 네 사람이 돌아가면서 마이크를 잡고 소리를 메기고 받았다. 소고를 든 박복례와 노영숙 두 벅구는 모내기하는 율동도 함께 했다. 모두 남원 국악원에서 김영운 명창과 강도근 명창에게 직접 소리를 배운 1세대로서 제대로 된 성음을 갖고 있으니 세월이 많이 지나도 진짜배

문화재 야행 초청 공연에서 농부가를 부르는 원로들

기 농부가를 해내고 있었다. 이들은 국악원 방 안에서만 얌전히 소리를 배운 분들이 아니었다. 유랑 다닐 때 강가 모래밭이나 논배미에 포장을 치고 공연을 했는데 비가 올 때는 공연 대신 소리 공부를 했다. 소리 선생님도 함께 유랑을 다녔기에 가능한 일이었다. 강내음 산내음 논내음 사람 내음이 진하게 배인 소리니 쉽게 삭지 않았다.

농부가에 이어 젊은 예인들의 개인놀음이 이어졌다. 장고를 맨 어여쁜 젊은이가 그 옛날 배분순처럼 사뿐사뿐 뛰며 설장고춤을 보여줬다. 설장고가 끝나자 머리에 상모를 쓰고 나온 젊은이가 열두발 하얀 끈을 돌리며 펄쩍펄쩍 뛰어나왔다. 바닥에 앉았다 일어서기도 하고 누워서도 상모를 돌렸고 배와 등짝을 고등어 자반 뒤집듯이 홱홱 뒤집으면서 돌고 돌았다. 그 옛날 박복례, 노영숙이 저렇게 몸을 뒤집으며 관중들을 뒤집어 놓았다. 세월 앞에 장사가 없어 이제 구경하는 처지지만 이렇게 전통 예술을 계승하는 젊은이들을 보는 것만으로도 흐뭇하고 고마웠다.

젊은 예인들의 개인놀이가 끝나자 상쇠 영감이 다시 쇠를 잡았다. 마지막으로 다 같이 신나게 한판 굿을 하고 마무리하는 시간이다. 벌써 시간이 40분 가까이 흘렀다. 아흔, 여든, 일흔의 노인들이 40분 공연을 해낸 것이다. 앉아서가 아니고 일어 서서. 지난 봄에는 상상도 할 수 없는 일이었다. 코로나19 팬데믹 때문에 관중 없이 공연을 해야 했지만 멀찍이 서서 보고 있던 시민들과 관광객들이 뜨거운 박수와 함성을 보내주었다. 멀찌감치 지켜보던 관중 속에 이 자리를 마련해 준 사회적기업 '섬진강 기획' 우진용 대표와 이재성 본부장도 있었다. 특히 나눔 봉사단체도 운영하고 있는 이재성 본부장은 이후에 장봉녀 선생님 댁의 어려운 형편을 듣고 매달 쌀과 라면을 지원해 주기 시작했는데 그 나눔을 5년째 이어가고 있다.

2018년 『향기조차 짙었어라』를 낸 여성농악 막내 노영숙과 강경식, 김양오

문화재야행 공연에 초대해 준 남원시 양인환 관광과장과 섬진강 기획 우진용 대표와 함께

공연을 함께 해 준 남원시민들과 함께

2022

4장

# 춘향제는 우리가 도맡아서 했지

다시 봄이 왔다. 남원역사연구회가 여성농악 원로들을 만난 지 1년이 지났다. 강경식 회장이 춘향제를 만든 최봉선 선생에 대해 알아보다가 우리나라 최초의 여성농악 주인공들을 만나 정식 공연까지 이뤄냈다. 그러니 2021년은 남원 여성농악이 60여 년 만에 부활한 해로 기록될 것이다. 그런데 알고보니 그분들은 농악만 한 게 아니었다. 60년대-70년대 그 어려운 시절 춘향제의 맥을 이어오신 분들이었다.

남원 하늘에 92회 춘향제를 알리는 에드벌룬이 둥실 떴다. 1931년부터 지금까지 전통이 92년째 이어져 오고 있는 춘향제는 엄밀히 말하면 성춘향의 영정 앞에서 지내는 제사를 단 한 번도 빼놓지 않았다는 뜻이다. 일제가 탄압하던 때도, 한국전쟁이 터져 인민군이 밀고 들어왔을 때도, 1960년 4.19혁명이 일어났을 때(4.19의 도화선 김주열 열사가 남원 출신이라 당시 남원은 큰 슬픔에 젖어 있었다)도 다른 행사는 하나 못해도 제사만큼은 철저히 지내왔다. 이 덕분에 춘향제는 대한민국 최초, 최고의 지역 축제라는 수식어가 붙는다. 이 전통을 만들고 지켜 낸 분들이 바로 최봉선과 남원 예기 권번 기생들이었고,

김양오의 안내로 남원다움관을 찾은 학생들이
다움관 옆집에 사는 장봉녀 선생님 댁에 와서 이야기를 듣고 있다.

여성농악 단원들은 그 전통을 이은 예인들이었다. 권번의 정관을 그대로 이어받아 남원의 전통 예술을 계승한 곳이 바로 남원 국악원이었고 이들은 그곳의 1대 학생들이었다.

역사동화 작가인 김양오는 이런 사실을 많은 사람들에게 알리고 싶었다. 그래서 작년 말 최봉선이 주인공인 역사동화 『백 년 동안 핀 꽃』을 낼 때 이야기의 마지막 장면에 네 분을 등장시켰다. 춘향제 전통이 이분들 덕분에 이어진 것이므로 동화책에도 과거와 현재를 잇는 장치로 네 분을 등장시킨 것이다. 물론 네 분의 허락을 받고서 말이다. 다시 춘향제가 다가오니 김양오는 뭐라도 해야 할 것 같은 의무감이 생겼다.

궁리에 궁리를 하다가 문득 그동안 강회장과 열심히 찾아 모은 자료들

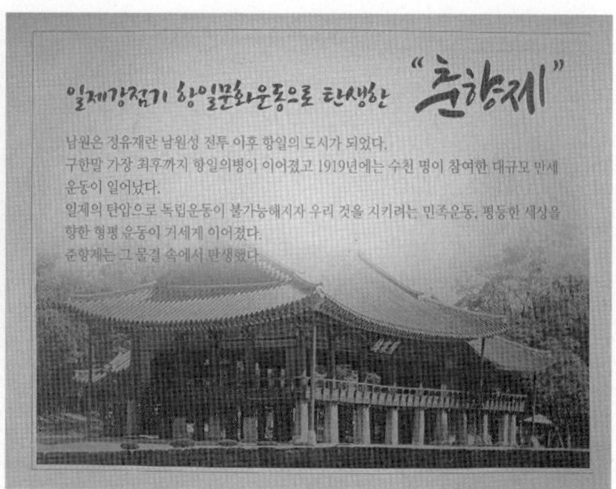


춘향제 기간 동안 춘향사당 앞에서 진행한 춘향제 역사 사진전

을 시민들도 볼 수 있도록 전시하고 더불어 살아있는 역사인 네 분의 이야기를 직접 듣는 자리를 마련해야겠다는 생각이 들었다. 김양오의 생각에 역사연구회 회원들이 호응해 남원시의 협조를 구하기로 했다. 다행히 문화관광과 양인환 과장은 춘향사당 앞에서 자료 전시를 하도록 허락했고 어르신들의 토크쇼를 광한루 누각에서 하면 어떻겠냐고 제안해 왔다. 토크쇼를 어디서 해야 하나 고민하면서도 광한루 누각 위는 언감생심 상상도 못했는데 그곳을 제안하니 반갑고 놀라운 일이었다. 창건 600년이 지났고, 재건 400년이 다 되어 가는 광한루는 우리나라에서 가장 오래 된 누각으로 네 원로분들께도 추억이 가득한 공간이다.

광한루원, 요천변, 사랑의 광장 곳곳이 춘향제의 무대가 되어 사람들이 몰려다녔다. 춘향제사는 사당이 아니라 광한루 잔디 광장 무대에서 지냈고 불꽃놀이와 퓨전 국악 공연이 여기저기서 펼쳐졌다. 명창대회도 옛날과 달리 광한루가 아니라 예술회관 안에서 했다.

광한루에서 원로 국악인들과 이야기쇼를 하기로 한 날, 수백년 동안 광한루와 벗하고 있는 연못가 왕버들은 꽃보다 어여쁜 연둣빛으로 물들어가고 있었고 누각 마루에는 송화가루가 뽀얗게 앉아 있었다. 김양오는 재빨리 담당 공무원에게 전화해 누각을 닦아달라고 부탁하고 마루 한쪽에 화문석 돗자리를 깔고 의자를 배치했다. 무대 준비는 이것으로 끝이다. 좀 있으니 강회장과 김경숙 단장이 어르신들을 모시고 왔다. 작년 가을 안숙선 명창관에서 공연했을 때 입었던 복색을 다시 갖춰 입은 원로들이 누각 계단을 조심조심 올랐다. 얼마 만에 올라오는 광한루인가?

> "나 때는 말이지~~! 전국 최초 여성농악단 단원들에게 듣는 옛날 춘향제 이야기"

화문석 무대 위쪽에 이런 현수막이 걸려 있었다. 네 분은 의자에 자리를 잡고 앉았다. 김경숙 단장이 종종종 뛰어다니며 악기며 의자며 이것저것

광한루 누각에서 옛날 춘향제 이야기를 풀어내고 있는 네 원로

알맞게 하나하나 자리를 고쳐 잡았다.

이번 공연은 네 분의 이야기를 듣는 것이 중심이고 풍물은 시작과 끝에 짧게 한번씩 치고 중간에 박복례, 노영숙 선생님의 소고춤과 배분순 선생님의 민살풀이춤을 보여주기로 했다. 사회는 김양오, 강경식은 징, 김경숙은 장고를 치면서 원로들의 소리를 뒷받침했다. 정용완 회원이 사진과 영상을 담당했고 그동안 관심을 가져주었던 시민들도 자리를 함께 했다. 준비를 하는 중에도 사람들이 계속 올라와 차곡차곡 자리를 잡고 앉았다.

### 갠지갠지갠지

꽹과리 소리를 시작으로 원로들의 흥겨운 풍물 소리가 광한루를 벗어나 낭창거리는 왕버들 가지 사이를 비집고 퍼져 나갔다. 천상의 정원을 땅에 구현했다는 광한루원, 오작교를 건너던 관광객들이 풍물 소리에 이끌려 광한루 열두 계단을 올라왔다. 신나는 판굿이 한판 마무리되고 박복례와 노영숙 두 벅구가 소고춤을 추기 시작했다. 작년 안숙선 명창관 마당에서 공연할 때는 바닥이 거칠어서 춤을 추기 힘들었는데 광한루는 마루 바닥이라 발이 훨씬 자유로웠다. 노영숙 선생님은 작년보다 자

광한루에 앉아 이야기쇼를 함께 하고 있는 관객들

반뒤집기도 훨씬 잘 해내셨다. 젊었을 때처럼 재빠르게 홱홱 뒤집지는 못했지만 거의 비슷하게 해내서 박수갈채가 터져 나왔다. 소고춤이 끝나자 사회를 맡은 김양오가 마이크를 잡고 이 네 분이 어떤 분들인지, 춘향제와 어떤 연관성이 있는지 설명했다.

김양오 이제 네 분과 이야기를 나눠보겠습니다. 먼저 장봉녀 선생님, 이 누각에 올라오신 지 얼마나 되셨어요?

장봉녀 부끄럽습니다. 한 스무살 쯤 됐을 거에요. 우리는 지금 나이가 전부 젊어요. 제가 제일 젊어요. 혹시 잘못 되더래도 이해해 주시기 바랍니다. 저는 남원에 살고 있습니다. 배울 것 안 배울 거 다 배우고 삽니다. 장봉녀입니다. 나이는 너무도 많이 묵은 게..... 아흔 둘입니다.

관객들이 "와!"하고 탄성을 지르며 박수를 쳤다.

김양오 현재 활동하고 있는 최고령 상쇠이십니다. 우리나라 최초의 여성 상쇠이기도 하십니다. 다음 옆에 계신 배분순 선생님, 본인 소개해 주세요.

배분순 하도 우리 어머니가 딸을 많이 낳았는데 또 딸을 낳아 가지고 분해서 분순이라고 지었다고 합니다. 저는 남원 여성 농악단 최초의 설장고입니다. 칠십 아홉이나 되어갖고 출세할라고 이 자리에 나왔습니다. 잘 좀 봐주십시오.

배분순 할머니의 우스개 소리에 박장대소가 터졌다.

꽹과리를 치는 장봉녀

장고를 치는 배분순

박복례 저는 춘향여성농악단 수벅구로 활동했고 나이는 78세입니다.

김양오 벅구는 소고의 다른 이름이고 수벅구는 소고의 우두머리라는 뜻입니다. 소고만 치시는 게 아니라 열두발이나 되는 긴 끈을 단 상모를 돌렸던 채상소고 스타셨습니다.

노영숙 춘향여성농악단 막내 소고잽이 노영숙입니다. 나이는 69세입니다.

"와~~~~~!"

아까 소고춤을 출 때 어려운 동작을 많이 넣어서 했기 때문에 다들 노영숙의 나이가 궁금했던 터였다. 칠십이 다 된 나이에 그런 동작들을 할 수 있었다니 놀라지 않을 수 없었다.

김양오 노영숙 선생님은 1970년 일본 오사카 만국 박람회, 지금으로 말하면 오사카 엑스포까지 나가서 대한민국의 위상을 높였던 진짜 간판

스타셨습니다.

사람들이 다시 한번 손뼉을 치며 환호했다.

노영숙 여성농악은 1959년에 남원에서 최초로 만들어졌습니다. 대통령상도 받고 돈을 가마니로 긁어 모았을 정도로 인기가 많았어요. 그 전에는 남자들만 농악을 했는데 여자들이 꽃달고 뛰어다니며 농악을 하고 춤을 추니 너무 이뻐요. 그래서 사람들이 우리를 사가려고(공연유치) 돈을 싸들고 왔었어요. 지금말로 하면 최초의 걸그룹이죠. 그때 여성농악단에 많게는 50명, 60명 정도까지 있었어요. 남원여성농악단, 춘향여성농악단 두 단체가 있었는데 저는 춘향 농악단의 막내로 해체될 때까지 있었어요. 지금 유명한 안숙선 언니나 오갑순 언니도 그 당시 농악단의 꽃들이었거든요. 여기 계신 장봉녀 선배님은 당시에 카리스마가 장난이 아니었어요. 눈이 부리부리한 게 저같은 어린 애들은 감히 말도 못 붙였죠. 그런 분들의 이야기가 그냥 사라지는 게 너무 안타까워서 제가 『향기조차 짙었어라』라는 책을 냈습니다. 이런 자리에서 대선배님들과 이야기를 나눈다는 게 꿈같아요. 그 때 헤어지고 이런 자리가 처음이에요. 정말 꿈만 같습니다. 너무너무 감사해요.

김양오는 『향기조차 짙었어라』 책을 꺼내 들고 관객들에게 보여주며 설명을 덧붙였다. 첫 장을 펼치니 장봉녀 할머니 젊었을 적 흑백사진이 나왔다.

김양오 『향기조차 짙었어라』는 노영숙 선생님과 전북대 권은영 교수님이 당시 활약했던 열 분의 여성 농악인들을 찾아다니며 인터뷰를 해서 만든 책입니다. 맨 처음에 나온 이 분이 바로 여기 계신 장봉녀 선생님이십니다.

장봉녀 내가 저럴 때가 있었어요.

사람들이 또 "와하하하" 웃었다.

김양오 박복례 선생님, 옛날에 춘향제는 얼마나 대단했나요? 창극도 하셨다고 했는데 어떤 역할을 주로 하셨나요?

박복례 그 때만해도 볼 거리가 별로 없으니까 춘향제를 지낼 때는 사람이 얼마나 많았던가 우리집 앞에 서 있으면 사람에 밀려서 밀려서 그냥 나도 모르게 광한루까지 들어 오게 됐어요. 그만큼 춘향제가 유명했죠. 지금은 써늘한데 옛날에는 정말 대단했어요. 저는 창극할 때 방자 역할, 마당쇠 역할을 했어요.

노영숙 그 때 언니는 정말 예뻤어요. 영화배우같았죠.

김양오 노영숙 선생님은 무슨 역할하셨어요?

노영숙 저도 방자, 마당쇠 했어요. (익살스런 표정을 지으며)귀덕이네도 하고.

김양오 저도 고등학교 때 연극부에서 방자를 두 번 했습니다. 그러고 보니 방자 3총사가 모였네요. 당시 여성농악단은 농악만 한 게 아니고 판소리도 하고 연극도 많이 했다고 합니다. 춘향전, 흥부전, 심청전, 신라극도 하셨다고 하는데요, 장봉녀 선생님은 춘향전할 때 어사또 역할을 많이 하셨대요. 그렇게 해서 번 돈으로 초창기 국악원

집(초가집)도 사고 터를 잡은 것입니다. 그 전에는 국악원이 여기저기 떠돌이 생활을 하셨대요. 배분순 선생님 그 때 인기가 많으셨다는데 얼마나 많으셨을까요?

배분순 저는 남원에서 국악을 배우다가 서울 가서 박초월씨한테 공부를 하고 있는데 어느 날 갓을 쓴 영감이 잡으러 왔어요. 우리 아버지가 '내가 목을 매서 죽을 거나?' 그래서 아버지한테 잡혀 내려오고. 집안 망신 다 시킨다고. 나중에 아버지가 돌아가시고 다시 올라가 배웠지요. 또 언젠가는 공연을 하고 있는데 한 대학생이 나를 쫓아와요. 좋아한다고. 그런데 그 학생 엄마가 기생을 어떻게 좋아할 수가 있냐고 감금을 허고, 부여 백마강에서 몸을 던진 사람도 있고. 또 어느 날 밖에서 목탁 소리가 탱탱 나서 나가보니 나를 좋아한다고 쫓아다니던 신아무개가 스님이 되어서 온 거에요. 납치도 당해보고. 이런 세상을 살다 보니 칠십 아홉살이나 먹게 되었네요. 지나간 일이 꿈같이 생각이 납니다. 이 대통령 상받고 그 뒤로부터는 참 가는데 마다 알아주고 가는 데마다 꽃이었습니다.

김양오 이게 무슨 말인고 하니 1960년에 '이승만 대통령 탄신 기념' 전국 농악대회를 했는데 그 때 나가서 1등 대통령상을 받으신 겁니다. 그 당시 자료화면이 국회방송 KTV에 공개된 게 있는데 서울 운동장을 팔랑팔랑 뛰어다니며 풍물을 치는 소녀들의 허리띠에 '남원'이라고 선명하게 써 있습니다.

객석에서 박수가 터져 나왔다.

장봉녀 말로는 표현할 수가 없어요. 처음으로 여성농악대가 나오니까 아따 사람이 많이 모였죠. 그 때는 납치될까봐 혼자서 다닐 수가 없었어요. 아닌게 아니라 인기가 있었죠. 말로 다 할 수가 없어요. 그런데 지금은 여러분들의 할매가 되었어요.

김양오 지금 우리나라에서 가장 유명한 안숙선 명창 아시죠? 그분도 춘향여성농악단 단원이셨어요. 안숙선 명창이 그 때는 어려서 소고하고 세 번째 장고를 하셨대요.

자, 이제 춘향제 이야기를 해볼까요? 저희 남원역사연구회에서 이 분들을 만나게 된 건 춘향제를 만드신 최봉선이라는 분에 대해 아는 사람을 찾다가 장봉녀 선생님과 첫 인연이 맺어졌습니다. 남원 권번과 전국의 권번 그리고 신간회 같은 남원의 독립운동 단체들이 뜻을 모아 춘향사당을 짓고 춘향의 영정을 제작해 제사를 지내기 시작한 게 춘향제입니다. 그런데 그 일을 처음 제안하고 평생 춘향제를 지키기 위해 헌신하신 분이 남원 권번 대표 기생 최봉선이었습니다. 그분들은 이도령에 대한 일편단심을 우리나라에 대한 일편단심으로 승화하고 신분을 뛰어넘어 사랑을 쟁취한 춘향의 사랑을 평등정신으로 승화시키셨습니다. 그렇게 훌륭하신 최봉선 선생에 대한 자료가 너무 없는 거에요. 그래서 현수막을 걸었죠. "최봉선을 아시는 분 연락바랍니다." 이렇게요. 그 때 나타나신 분이 여기 장봉녀 선생님이십니다.

사람들이 모두 박수를 쳤다.

장봉녀 너무나도 안타까운 것이 최봉선씨 하면 그런가 보다 하고 춘향이다 하면 눈이 번쩍 뜨이죠. 물심양면으로 애쓰신 그 양반이 돌아가신 다음으로 아무 것도 없어요. 명예도 없고 비석 한 장이 없어요. 저는 그 때 나이가 제일 어려서 막둥이여서 선배들이 절하면 따라서 절하고, 초헌 아헌 종헌 이렇게 세 분이 주례를 하는데 최봉선씨하고 같이 의논하고 춘향이 제사를 해마다 잘 모셨죠. 그러나 자기는 승능한 그릇이 없어요 지금. 최봉선씨는 결혼을 안 하고 혼자 살았어요. 내가 스무 살 때 쯤 (최봉선씨가) 50살 쯤 됐을 거에요. 국악원 간부들이 다 최봉선씨를 섬기고 살았어요. 춘향이에 대해서는 그 이를 따라갈 사람이 없었어요, 사월 초파일이 되면 등불을 쓰고 상 다 채리고 말헐 수가 없어요.

배분순 최봉선씨가 부산관을 했는데 내가 어릴 때 지나다니다 보면 거기서 소리(판소리)가 나고 기생들이 노는 게 눈에 띄어서 찾아 들어 갔어요. 갔더니 '아가, 밥 좀 먹어라.'하셔서 밥을 실컷 얻어 먹었지요. 그 때 배가 엄청 고플 때라. 그 뒤로 자주 다니면서 밥 얻어 먹고, 멸치 까라면 멸치 까주고, 마늘 까라면 마늘 까주고 그랬어요. 최봉선씨가 경상도 사람이라 경상도 말로 경찰서장이 오면 '밥 묵었나? 밥 안 먹었으면 밥 묵어라.' 누구라도 말을 놓고 그렇게 다 알아주고 유명했습니다. 조기화씨는 참 춤을 예쁘게 췄습니다. 민살풀이를. 그 분한테 제가 춤을 배웠습니다. 어렸을 때. 조갑녀 씨의 고모에요. 남원이 이렇게 유명한 분들이 많이 있습니다.

최봉선 어머니하고 조기화 이모하고 둘이 형님 동생 그랬습니다. 춘향 제사도 둘이 같이 지냈지요. 최봉선 어머니가 진두지휘하면 조기화 이모가 술잔을 옮기고 그랬어요. 나중에 최봉선 어머니가 못 나오셔서 조기화 이모가 했지요. 조기화 이모는 춤을 출 때 손을 항상 무겁게 추라고 하셨어요. 지금은 손을 팔랑개비 맹이로 막 올려서 흔들잖아요? 조기화 이모는 손이 올라갔는지 모르게 올리고,

앞으로 온지 뒤로 간지 모르게 손을 올리라고 그랬어요. 발을 조금씩 떼라, 멀리 떼지 말고 까치발로 떼라 하시고.

김양오 그럼 그 때 배우신 민살풀이 한 번 보여주실 수 있으세요?

배분순 아이고~~ 그거 참!

김양오 일제 강점기 남원 최고의 춤꾼 남원 권번 기생 조기화님에게 배운 민살풀이를 뜨거운 박수로 청해 보시겠습니다.

배분순 나이가 팔십이 다 되니 잊어버리지요. 그걸 다 지니고 있겄어요.

몸이 예전 몸이 아니라 한량없이 무겁지만 보라색 철릭을 길게 걸치고 색색끈을 허리에 맨 배분순 선생님은 마다하는 척하면서도 선뜻 일어서서 앞으로 나아가 허리를 숙여 인사했다. 장봉녀 선생님이 꽹과리를 치기 시작했고 김경숙 단장은 장고를 노영숙 선생님은 징으로 장단을 만들어 냈다. 그러자 배분순 선생님은 버선코가 솟아 있는 앞발을 살짝 들고 뒤꿈

소고춤을 추는 박복례

소고춤을 추는 노영숙

치를 디디며 춤을 추기 시작했다. 한 손은 뒤로 보내 치맛자락을 살짝 걷어 올렸고 한 손은 올라가는지도 모르게 천천히 올려 앞으로 가는지 뒤로 가는지도 모르게 허공에 그림을 그렸다. 하늘에서 줄이 내려와 팔을 천천히 잡아 끌 듯이 아주 느리고 무겁게 허공을 가르며 춤을 만들어 냈다. 그러자 박복례 선생님이 마이크를 잡고 구음을 시작했다.

아아아아 어어어어 아아아아 너어어어어

흔히 우리 민족의 정서를 '한'으로 보는데 구음이야말로 한을 제대로 느낄 수 있는 음악이며 장단이 아닐까? 박복례의 구음에 맞춰 3-4분 정도의 짧은 춤이었지만 사람들은 두 분의 춤사위와 구음에 뜨거운 박수를 보냈다.

김양오 박복례 선생님, 예전에 판소리 명창 대회할 때 징수도 하셨다면서요?

박복례 춘향제 때마다 명창들을 뽑아요. 그때 소리꾼은 소리하는데 정신이 팔려서 시간이 가는 줄을 몰라요. 그래서 징을 쳐서 끝나는 시간을 알려줘야 해요. 처음에는 여자들만 대회를 하다가 나중에는 남자 여자 같이 대회를 해서 명창을 뽑았어요. 우리가 징수를 다 했지요.

배분순 저희가 어른들한테 물려받아서 춘향 제사를 지냈는데 어느 해에 제사를 지내려고 하는데 어쩌다보니 임신을 했네(사람들이 마구 웃음). 초파일에 제사 지내려고 남색 치마에다가 남끝동 단 저고리를 딱 벽에 걸어놓고, 치마 속에도 망사를 집어 넣고 배 부른 거 안 보일려고 벙벙하니 맹글어 놨는데 새벽 4시에 아를 낳아 버렸어요. 그래 제사를 못갔지. 딸 이름을 성희라고 이름을 지었어요. 사월 초파일이 지

생일이여. 그러니 맨날 내가 제사 지내느라고 지 미역국도 못 끓여 줬어요.

장봉녀 우리 얘기만 하니까 (관객이)잠이 올라 그래요. 뻔새가. 농부가나 한 번 합시다.

갑자기 마이크를 잡으신 장봉녀의 재담에 관객들이 박장대소를 했다. 사회자 김양오도 웃음을 멈추지 못해 대본지로 얼굴을 가리고 웃었다.

김양오 그거는 마무리 때 하기로 했잖아요.

장봉녀 에? 저기 다 나가는디?

김양오 하하하 괜찮아요. 나갔다가 들어오기도 하세요. 아니 판소리 '사철가' 한 대목 하고 농부가는 나중에 끝날 때 하기로 하셨잖아요.

장봉녀 아이고, 아니 나이 든 사람을 이렇게 부려먹어도 괜찮어요?

사람들이 다시 박장대소를 했다. 젊었을 적에 창극에서 어사또도 하고 놀부도 하고 재담(애드립)을 많이 했던 분이라 이런 무대에서도 요즘 말하면 에드립이 자연스럽게 나오는 것이다.

노영숙 가만히 있응게 좀이 쑤신가 봐요. 소리가 하고 싶어서.

김양오 이분들하고 얘기를 나누다 보면 판소리 단가 사철가 중에 이런 대목이 생각나서 오늘 한 대목 같이 하기로 했던 거랍니다. 자 그럼 사철가 한 대목 다 함께 불러보실까요?

내 청춘도 날 버리고 속절없이 가버렸으니 왔다 갈 줄 아는 봄을 반겨헌들 쓸데 있나? 봄아 왔다가 갈려면 가거라 니가 가도 여름이 되면 녹음방초 승화시라.

김양오 이분들의 화려했던 청춘은 다 지나갔지만 이분들이 뿌려놓으신 전통의 씨앗은 춘향제라는 화려한 꽃으로 피어나고 있습니다. 이분들과 이분들의 선배님들이 계셨기에 남원이 문화도시가 되었고 춘향제가 100주년을 앞두게 된 것입니다. 여러 힘든 역사를 다 지나면서도 춘향제를 지켜내신 최봉선을 비롯한 선조들과 여기 계신 원로님들께 다시 한번 감사드립니다.

진심을 다해 인사를 하던 김양오는 목이 메어 말을 제대로 맺지 못했다. 그러자 노영숙 선생님이 마이크를 잡았다.

노영숙 이렇게 묻힐 뻔한 여성농악 단원들을 발굴하셔서 주야로 가서 위로하시고 이 자리까지 만들어 주신 김양오 선생님을 비롯해 역사연구회 강경식 회장님, 김경숙 단장님, 정용완 선생님 이런 분들이 계셔서 여기까지 왔어요. 작년까지 장선생님은 일어나지도 못하고 침대에 누워계셨어요. 농악이라는 게 참 신기한 거에요. 소리만 들어도 일어나셔요. 자주 가서 악을 쳐주시고 놀아주시니 이렇게 걷고 나와서 이런 자리까지 오게 된 거에요. 주야로 찾아가 같이 놀아주시고 누가 그러겠어요? 아침부터 나와서 실어다 주고 의상 악기 다 챙겨주고 머리 빗어주고 이 자리를 빌어서 정말 감사드립니다. 박수 한 번 부탁드립니다.

진주 형평운동 100주년 기념사업회 운영위원들과 남원 역사 활동가들

강경식, 김경숙, 정용완 그리고 김양오가 일어서서 허리 숙여 인사를 했다. 그러자 관객들이 뜨겁게 박수를 쳐댔다.

김양오 이 자리에는 정말 귀한 분들이 함께 하고 계십니다. 멀리 경상남도 진주에서 오신 손님들입니다. 춘향제의 탄생 과정 속에 진주 형평사 운동 인물들이 등장하는데요, 형평사 100주년을 앞두고 있는 기념사업회에서 활동하는 분들입니다. 우리나라 최초의 인권운동었던 형평사를 창설한 강상호 선생의 아들 강인수 선생님과 신진균 운영위원장님, 그리고 지역축제를 연구하시는 경상 국립대 안영숙 연구 교수님이 오셨습니다. 한 말씀 부탁드립니다.

강인수 저의 선친이 83년 전에 여기에 오셔서 광한루 앞에서 사진을 찍은 일이 있습니다. 저는 83년 뒤에 여기에 찾아왔습니다. 감격스럽습니다. 옛날에 기생들이 다니던 권번은 미국말로 하면 아카데미입니다. 국보급 예술인을 키우는 아카데미, 예술 대학원인 것입니다. 오늘 이 자리가 감개무량하다고 말씀드리고 싶습니다.

이들이 멀리 남원까지 와서 이 공연에 참가한 것은 강회장의 활동 덕분이었다. 강회장은 춘향제를 연구하던 중 최초 춘향영정이 진주에서 왔다는 것을 알게 되었고 진주 문화원까지 직접 가서 춘향영정을 그린 화가에 대해 조사했다. 그 결과 매우 중요한 사실을 알아냈다. 최초 영정을 그린 사람은 그동안 남원에 알려져 왔던 '강주수'가 아니라 '강신호'라는 사실이었다. 알고보니 강주수는 화가도 아니었다. 강신호는 '형평사' 창설자이며 독립운동가인 강상호의 막내 동생이었고 경상도 최초의 서양화가로서 천재 화가라는 평가를 받던 인물이었다. 부모와 형들이 모두 독립운동을 한 훌륭한 가문의 막내아들이었다. 그렇게 중요한 사실을 밝히는 과정 중에 만난 형평사 기념사업회 핵심 인물들을 강회장이 이번 공연에 초대한 것이다.

김양오 자, 오늘 이 자리의 마지막 무대로 농악의 꽃 '농부가'를 함께 부르면서 마무리해 보도록 하겠습니다. 준비되셨나요?

장봉녀 나이를 많이 먹어논 게 손도 안 돌아가고 쇠도 안 돌아가고 모든 것이 다 불편해요. 여러분들도 제 나이 돼보세요. 그전에는 나도 촐랑거리고 우스개 소리도 허고 그랬는데... 사람들이 늙을 것이 아니에요. 아무리 늙었어도 젊은 티만 내고 다니세요. 감사합니다.

장봉녀 여보시오 농부들~~ 이러고만 있지 말고 농부가나 한 번 해봅시다. 잘 못허더래도 이해하고 잘 보세요잉.

여여여여 상사디여
여보시오 농부네들 이네 한 말 들어보소
아나 농부야 말 들어보소

광한루 창건 600년 동안 광한루 누상에서 농부가를 부른 사람들이 있었을까? 풍물을 농민들이나 하는 것으로 격하시켜 '농악'이라는 말을 만들어 낸 일제, 해방이 됐으나 산업화 이후 더욱 천대받았던 풍물굿이 사또와 양반들의 풍류 공간인 광한루에서 울려 퍼지니 실로 감개무량한 일이다. 네 분의 구성진 농부가가 끝나고 마지막 풍물굿이 시작되자 관객들도 모두 일어나 흥겨운 춤판이 벌어졌다. 변사또의 생일잔치도 이렇게 흥겹지는 못했으리라.

5장

# 국악방송 스튜디오가 뒤집어지다

광한루 이야기쇼를 하고 이틀 뒤인 5월 8일 어버이날, 강회장과 김양오는 장봉녀 선생님과 노영숙 선생님을 모시고 전주로 향했다. 국립민속국악원 왕기석 원장의 주선으로 국악방송 라디오 '온고을 상사디야'에 출연하기 위해서다. 텔레비전 방송에도 나갈 수 있었지만 서울까지 가시는 게 너무 힘들 것 같아 가까운 전주에 있는 라디오 방송을 선택했다.

방송국은 뜻밖의 모습이었다. '국악방송'이라는 한글 간판이 걸려있는 기와집에 들어서니 방송 관계자들이 반갑게 환영해 주었다. 특히 프로그램 진행자인 방수미 명창과 강길원 명창은 버선발로 뛰어나오다시피 했다. 두 사람 다 남원과 인연이 깊고 국악계 대 선배님들이 오시니 그런 것이다. 방수미 명창은 남원에 있는 국립민속 국악원에서 오랫동안 활동해 남원 사람들에게 가장 사랑받는 소리꾼이었고 강길원 명창은 남원 출신으로 대통령상을 받은 젊은 소리꾼이었다.

이날 방송은 옛날에 활동하셨던 이야기, 장봉녀 선생님의 판소리와 노영숙 선생님의 소고춤, 그리고 이분들을 다시 무대에 서게 한 활동가 김양오의 이야기로 구성되었다. 짧은 공연이지만 노영숙 선생님은 복색을 챙겨왔다. 그런데 상자에 담아온 옷에 구김이 가 있지 않은가? 그걸 보고 방수미 명창은 "저희집이 여기서 가까워요. 빨리 가서 스팀다리미 갖다가 펴드릴게요."하더니 바로 뛰어가서 정말로 다리미를 가져와 직접 주름을 펴주었다. 그리고 장봉녀 선생님이 "아이고 손수건을 안 가져왔네."하며 불안해하시자 자기 가방에서 손수건을 꺼내더니 "이것 쓰세요. 아직 안 쓴 거니까 깨끗해요."하면서 손수건을 쥐어 드렸다.

스튜디오는 아늑했다. 진행자 방수미, 강길원 두 소리꾼이 정면으로 앉고 왼쪽에 장봉녀, 김양오, 노영숙 순으로 앉아 큐 사인을 기다렸다. 잠깐의 침묵이 흐른 뒤 시그널 음악이 흘렀다.

강길원 네~ 이 시대 최고의 예술가들과 함께 합니다. '오늘의 이야기, 지금의 음악!' 오늘은 정말 귀한 분들을 모셨습니다. 우리나라 최초의 여성농악단이 바로 남원여성농악단인데요. 이곳에서 상쇠를 맡으셨던 분과 춘향여성농악단의 막내 소고잽이 그리고 이들을 다시 무대로 이끈 작가분을 모셨습니다.

방수미 오늘이 남원 춘향제 마지막 날이잖아요. 그저께도 남원에서 공연을 하셨다고 합니다.

장봉녀 안녕하세요? 저 나이는 말하고 싶지가 않아요. 이름은 장봉녀올시다. '일소일소'라고 많이 웃으세요.

두 소리꾼이 박장대소를 했다.

김양오 춘향제 역사를 담은 역사동화 『백년 동안 핀 꽃』의 작가 김양오입

스튜디오에서 이야기꽃을 피우고 있는 장봉녀

니다.

노영숙 마지막 소고잽이 노영숙이라고 합니다. 저는『향기조차 짙었어라』책을 냈습니다. 이 책은 장봉녀, 오갑순, 나금추, 안숙선씨 같은 분들의 구술로 되어 있습니다. 그 분들의 아름다운 이야기가 잊혀지고 있는 게 너무 안타까워서 이 분들을 찾아다니며 이야기를 모아 책을 냈습니다. 선배 언니들의 아름다움에 반해서 그 단체에 들어갔는데 이 분들의 이야기가 다 사라진다는 게 너무 안타까웠거든요.

방수미 장봉녀 선생님, 뵙게 되어서 너무 영광입니다.

강길원 어떻게 보면 숨겨진 문화재이십니다. 숨겨진 보물.

방수미 60년 만에 다시 무대에 서셨는데 어떠셨어요?

장봉녀 너무 떨리고 자꾸 옆에 쳐다보이고 그랬지요.

방수미 저희는 매일 떨려요. 하하하.

국악방송 라디오 스튜디오에서 소고춤을 춘 유일한 국악인 노영숙

장봉녀 60년이 넘었으니 전부가 다 설고 다 손님같이 보이고 그래요. 마음대로 안되지요.

방수미 노영숙 선생님은 방송 출연도 많이 하셨죠? 오늘도 곱게 의상까지 준비해 주셔서 감사해요.

노영숙 그 때 TBC 방송에 나갔는데 나갔는데 생방인 줄 모르고 자반뒤집기 하다가 넘어지고 그랬어요. 그 때는 편집도 안 되고, 넘어진 게 방송으로 나간 줄 몰랐는데 사람들이 얘기해서 알았죠. 너 왜 자빠지고 그랬냐고...

두 분이 나이를 밝히자 두 진행자는 입을 다물지 못했다.

방수미 세상에 아직도 두 분 다 열아홉 살 같으세요. 제가 오갑순 선생님께 장고를 배웠는데 여성농악단 얘기를 많이 들었어요. 그런데 이렇게

방수미 명창이 준 손수건을 쥐고 있는 장봉녀 선생님과 방수미

두 분을 직접 뵈니까 너무 영광이에요. 여성농악단이 어떤 의미가 있는지 말씀해 주세요.

김양오는 여성농악단이 당시에 얼마나 실력있고 독특한 연예 단체였는지 광한루 토크쇼에서 나눴던 이야기들을 들려주었다.

방수미 농악하면 남자분들을 떠올리게 되는데요, 어떻게 여성농악단이 결성되었나요?

노영숙 원래 국악원에서 자금 마련하려고 여자 몇 명을 포함시켜서 농악을 쳤는데 너무 반응이 좋은 거에요. 그래서 여성들로만 만들어 보자 해서 창단이 된 거에요.

방수미 그럼 장봉녀 선생님이 최초 걸그룹의 리더셨네요. 그 때 얼마나 인기가 있었는지 들려주세요. 밖에 남성팬들이 줄을 섰나요?

장봉녀 부끄럽습니다. 그 때는 줄줄이 했지요.

김양오는 장봉녀 선생님과 이날 함께 오지 않은 배분순, 박복례 선생님이 얼마나 인기가 있었는지 또다시 읊어줬다. 노영숙 선생님도 창극에서 마당쇠하면서 강도근 선생님을 빗자루로 때렸던 일들을 얘기해 진행자들 웃음보를 터뜨렸다.

방수미 저희 어렸을 때, 40여 년 전에 오갑순 선생님이 진짜 최고셨잖아요. 크로스오버를 그 때 처음하셨던 것 같아요. 지금은 많이 하지만.

노영숙 오갑순씨 때문에 춘향여성농악단이 따로 생겼어요. 본래 남원여성농악단에서 오갑순씨와 장봉녀 선생님 동생이 설장고로 쌍벽을 이뤘는데 서로 라이벌이 강하니까 칠선옥을 운영하던 오갑순씨의 양어머니가 단체를 하나 만들어준 거죠.

방수미 아, 그랬군요. 그럼 여기서 장봉녀 선생님의 소리를 한번 청해서 들어볼까요?

장봉녀 아니 열 번이라도 하라면 하겠는디, 이제는 목도 안 나오고 장단도 다 빼고 안 나와요.

방수미 선생님, 저희는 늘 안 나오고 장단도 늘 빼고 가사도 늘 생각이 안나요. 그래도 저희가 장봉녀 선생님이 가시는 길을 갈 사람이기 때문에 제자들에게 소리 한 번 들려 주시기 바랍니다. 저는 처음 들어보는 '천하태평'이라는 귀한 단가입니다.

장봉녀 선생님은 '천하가 태평허면'으로 시작하는 단가를 불렀다. 강길원 명창이 고수를 맡았고 방수미 명창은 추임새를 넣었다. 4분 가까이 단장고소를 넘나들며 전혀 막힘 없이 소리를 하고 "없을소냐"로 마무리하셨다.

방수미 아니, 선생님. 와!!

강길원 와! 저는 북을 치는 것만으로도 영광이었습니다. 제가 지금까지 북을 치면서 이 연배에 이렇게 한배 장단을 정확하게 지키시는 분은 처음인 것 같습니다. 아우 대단하십니다.

장봉녀 다 비행기를 태우네요.

강길원 아니 진심입니다. 선생님 예전에 예명이 장홍도셨다고요?

방수미 '홍도야 우지 마라' 그 홍도? 평생 안 우셨겠네요?

장봉녀 그래서 오빠도 있어.

장봉녀 선생님의 재담에 두 진행자가 빵빵 터졌다.

방수미가 김양오에게 이분들을 만나게 된 사연을 물었다. 김양오는 또다시 그 과정을 읊었다.

방수미 홍도 선생님, 김양오 선생님과 여러 사람들이 잃어버린 기억을 되살려 주셔서 되게 고마우셨을 것같아요.

장봉녀 즐거운 거는 말할 수가 없었죠. 뜻밖의 최봉선씨의 명예가 나오더라고요. 어지간한 사람은 최봉선씨 이름도 안 불렀어요. 최봉선씨 고향은 애초에 부산이었어요. 어느 한 해에 전라도 남원으로 와서 부산관이라는 요정을 했습니다. 관공서 사람들이 거기 안 가본 사람들이 없어요. 그렇게 미웁도 않고 이쁘지도 않고 마음이 온순해 가지고. 최봉선씨가 생각하기에 남원에 춘향이 춘향이 했는데 제사가 없어요. 그래서 최봉선씨가 춘향의 제사를 모시게 된 거지요.

방수미 노영숙 선생님 『향기조차 짙었어라』 이 책에 많은 선생님들의 구술을 담으셨다고요?

노영숙 여성농악단 단원이었던 한 사람 한 사람을 찾아다니며 다 인터뷰해서 구술 기록으로 이루어져 있어요. 제가 한 이야기가 아니에요. 장봉녀 선생님은 다 잊어버려서 아무 것도 몰라 그래서 겨우겨우 인터뷰 조금 하고 '사진 없으세요?' 했더니 '안방 벽에 붙어 있는 거 저거 하나'라고 해서 핸드폰으로 찍어서 올린 거에요.

노영숙 선생님은 책을 펼쳐서 장봉녀 할머니의 흑백 인물 사진을 보여줬다.

방수미 카리스마가 장난이 아니세요. 눈빛이! 이목구비도 뚜렷하시고.

노영숙 저희 어렸을 때는 감히 근접을 못했어요. 눈이 부리부리하고 목소리도 쩌렁쩌렁하시고. 지금까지 생존해 계시고 저와 같이 방송을 같이 한다는게 상상도 못할 일이에요. 영광스럽고 감사한 일이지요.

방수미 정말 귀한 작업하셨네요. 자칫하면 구전으로만 알 수 있었던 이야기를 책으로 만들어 주셔서 후배 된 입장에서 너무 감사합니다.

강길원 예전에 김청만 선생님께서 남원여성농악에 대해 엄청 말씀하셨거든요. 그 전설같은 분들을 이렇게 직접 뵈니 정말 영광입니다.

노영숙 옛날 분들은 다 돌아가시고 얼마 안 남으셔서 꼭 써야겠다고 생각하고 페이스북에 조금씩 쓰다가 우연히 전북대 권은영 교수를 알게 되었어요. 그래서 그 교수와 의기투합해서 이 책을 만들게 된 거에요. 여성농악에 대한 역사죠.

방수미 이번에는 노영숙 선생님의 소고춤을 한번 보도록 하겠습니다. 이 스튜디오에서 춤을 추신 분은 사상 최초입니다.

장봉녀 선생님이 쇠를 살살살살 쳤다. 강길원 명창이 꽹과리 소리에 맞춰 북을 쳤다. 노영숙 선생님은 어깨춤을 슬근슬근 추고 한발 한발 발을 노닐며 스튜디오를 누볐다. 방수미 명창이 다려준 하얀 옷자락이 깃털처럼 가볍게 흔들렸다. 공간이 좁아 마음껏 뛰고 돌지는 못했지만 은근하고 깊은 연륜의 맛을 보여주기에는 부족하지 않았다. "아하~ 어으~ 아~ 어이~" 두 젊은 소리꾼의 추임새와 꽹과리, 북소리가 스튜디오에 가득찼다.

공연이 끝나자 두 진행자 입에서 "와!", "옴마야 옴마야 세상에!" 하면서 박수와 함성이 터져나왔다. 국악 고수들이라 이 분들의 연주와 춤이 얼마나 수준이 높은 것인지 누구보다 잘 알아 엊그제 광한루 공연에서 일반 관객이 보인 반응보다 훨씬 뜨거웠다.

방수미 선생님 어찌 그렇게 꽹과리를 이렇게 잘...

강길원 역시 명인은 명인이십니다.

장봉녀 그러니 그 때 줄줄이 따라댕겼다 허지요.

또다시 박장대소!

방수미 그 때 인기가 정말 많아서 돈도 많이 버셨겠네요?

장봉녀 근디 그 때 돈은 선생님들이 다 가져가 버려.

방수미 네? 누가? 어떤 선생님이 그랬어요? 그때는 캐라라고 그러죠? 캐라?

노영숙 우리 때는 일원 반푼어치도 없었어요. 우리 때는 캐라 줘 본 적도 없고 받은 적도 없고. 옷도 우리 돈 다 들여서 했어요. 춘향제 제사를 우리 국악원생만 지냈는데 옷이며 쪽이며 다 내 돈으로 마련했고 연극해라 뭐해라 하면 다 그냥 했던 거에요.

그 때는 받아도 선생님들이 다 쓱 해. 알면서도 말을 못했어요. 우린 그런 시절을 지냈어요. 내가 하는 게 좋아서, 세워주고 그러는 게 제가 좋아서 했어요.

장봉녀 선생님들이 다 돌아가셨으니까 저런 얘기 하지. 못해요. 지금이니까 저렇게 활활 불어제껴요.

두 진행자가 웃느라 정신을 못차렸다. 방수미 명창은 눈물을 찍어내며 깔깔깔 웃었다.

방수미 선생님 제가 슬픈 일 있으면 찾아뵐게요. 재밌게 해 주세요. 강도근 선생님께 소리도 배우셨어요?

장봉녀 제가 처음 소리를 입학한 게 강도근 선생님한테에요. 향교동 선생님 댁에서 살면서 사모님이 해주시는 밥 먹고 자고 하면서 소리를 배웠어요. 그런데 선생님이 젊으신 게 봄이면 어딜 가버리고 안 계셔. 나는 과년한 게 언능 소리를 배워야 하는데 안 오시네.

방수미 어디 가셨대요?

장봉녀 아, 봄바람 쐬러 갔지요. 그래서 김영운 선생님한테 갔지요. 아주 점잖으세요. 김정문씨가 김영운씨 큰 아버지에요. 강도근 선생님이 안 오시니까 김영운 선생님한테로 가버렸죠. 제가 배신한 건 아니에요. 돌아가신 양반 숭보면 안 되는데…

방수미 노영숙 선생님 코메디도 하셨다면서요?

노영숙 옛날에 고춘자 장소팔 행사도 같이 다니고 그랬는데. 만담가 김영운 선생님(판소리 선생님하고 다른 분)이 콤비로 함께 해보라고 어떤 분을 소개해 주셨는데 얘는 연습은 안 하고 딴 맘만 먹고 자꾸 나한테 수작만 거는 거에요. 그래서 그만 둬 버렸어요.

방수미 소리 한 곡을 더 청해 듣고 싶은데 어떠세요?

장봉녀 방선생님, 많이도 말고 딱 아흔 살 될 때 딱 내 목 한번 써보시오. 지금은 기가 맥히게 좋은디 구십되면 그 목이 어떻게 될까?

방수미 저는 육십만 되도 못할 것 같아요. 김양오 선생님이 엄청 귀한 일 하셨는데요, 농악단이 구성이 되었으니 앞으로도 바쁘실 것 같아요.

김양오 그제도 토크쇼 준비하고 진행하느라 정말 바빴고 오늘도 이렇게 하고 있는데요, 이렇게 하는 이유는 춘향제가 올바르게 서고, 춘향제의 역사와 정신을 알리고 싶어서입니다. 그리고 두 분의 소원도 있으세요.

방수미 전 국민이 보는 앞에서 두 분의 소원을 말씀해 보실까요?

장봉녀 저는요, 소원이 별거 없습니다만, 춘향이는 묘까지 다 해놨어요. 그런데 최봉선씨는 그렇게 헌신적으로 했는데 묘도 없고 아플 때 누가 약 한 대접 해준 것도 없고 우리가 생각할 때 너무나도 안타까워요. 지금이라도 비를 하나 세웠으면 싶어요. 꼭 이 말씀을 여기다 잘 보관해 주세요.

김양오 1967년까지 최봉선 선생이 춘향 제사를 주도해서 지냈다는 기록이 있는데 그 이후에는 기록이 전혀 없어요. 저희 남원역사연구회 회원들이 부산까지 가서 찾아보고 했는데 결국 1974년에 돌아가신 걸로 나오더라고요. 그 분이 후손도 없고 무덤도 비석 하나도 없어서 장봉녀 선생님이 어딜 가실 때마다 그 말씀을 하세요.

방수미 네, 남원시에서 꼭 보셨으면 좋겠습니다. 노영숙 선생님은 어떤 소원이 있으신가요?

노영숙 남원하면 춘향이인데 지금 남원 춘향 사당에 춘향이가 없다는 소리에 깜짝 놀랐어요. 지금까지 춘향이를 예쁜 아가씨로만 기억하고 있는데 얼마 전에 발견된 원래 춘향 영정은 나이가 좀 있고 귀부인태가 나는 여인상인데 그게 아니라고 하시는 분들이 있어서 사당을 비워놨대요. 춘향이는 이도령 만나서 머리도 올리고 해서 아줌마가 됐다 이말이에요. 일본 사람들이 자기들 사상을 심으려고 만든 김은호가 그린 춘향이가 그동안 있었는데 그걸 내리고 우리 얼을 담은 옛것을 찾았으니 옛 것을 봉안했으면 좋겠습니다.

방수미 네 온고을 상사디야 초대석 '오늘의 이야기, 지금의 음악!' 오늘은 우리나라 최초의 여성농악단 상쇠 장봉녀 선생님, 마지막 소고잽이 노영숙 선생님, 동화작가 김양오선생님과 함께 하셨는데요, 우리 전통을 되살려내는 이 분들의 작업에 많은 관심 가져주시기 바랍니다. 세분 모두 건강하시고요, 함께 해주셔서 감사합니다.

모두 네, 고맙습니다.

녹화가 끝나고 밖으로 나오자 스튜디오 밖에서 녹화 장면을 지켜보며 기다리고 있던 강회장과 강은씨는 함박웃음을 지으며 세 사람을 맞이했다. 너무 잘 했다고. 최고였다고. 제작진들도 모두 손뼉을 치며 허리 숙여 인사했다. 이렇게 높은 연세에 이렇게 훌륭한 소리와 춤, 어디서도 듣지 못할 생생한 역사를 들려준 것에 감사해 제작진들은 인사를 하고 또 했다. 이 날 방송은 어버이날 특집이었다.

6장

# 20세기 여성농악과 21세기 여성농악의 만남

그 즈음 김양오는 조갑녀 명무관에서 조갑녀류 민살풀이 춤을 배우고 있었다. 명무관은 일제강점기 최고의 춤꾼 조갑녀 명무의 딸 정명희 선생이 어머니의 춤을 전수하고 있는 곳이다. 김양오는 일제 때 레코드 음반을 가장 많이 냈던 판소리 스타 이화중선의 활동을 중심으로 당시 우리 민족의 아픈 삶을 청소년 소설로 쓰느라 판소리도 배우고 춤도 배우고 있었다. 잔디 마당이 넓은 이곳은 본래 조갑녀 명무와 정명희 선생이 살던 집터였다. 금남관이라는 여관을 하던 곳이라 터가 넓었다. 일본 기생이 돈뭉치를 싸들고 와서 춤을 가르쳐 달라고 해도 거부했을 정도로 강단이 있던 기생 조갑녀, 조갑녀가 일곱 살 때 들어간 남원 권번은 일본 사람들이 공연 요청을 하면 거부했고 일본말 자체를 배우지 않을 정도로 기생들의 항일 의식이 강한 곳이었다. 『이야기로 듣는 남원국악사』에서 정명희 선생은 어머니의 말을 이렇게 전했다.

"남원 권번에서는 일본 사람들이 부르는 연회는 안 가는 걸로 약속이 되어 있었다고 해요. 권번장 이백삼씨가 시켜서가 아니라 학습한 사람들끼리 뭉쳐가지고 일본 사람들 연회에는 절대 안나가는 사람들로 남원에서는 그걸 제일 주장하더라고요. 일본 사람 앞에서는 절대 춤도 안추고 소리도 안하고 그랬다는 걸 제일 주장하시고 그 다음에 남원 권번이라는 데는 예절을 제일 중요하게 생각했대요."

춘향이의 지조처럼 그렇게 민족혼이 살아 있던 남원권번에서 가장 춤을 잘 췄던 조기화, 조갑녀. 그 분들의 춤을 정명희 선생이 계승해 시민들을 가르치고 있는 것이다. 그것도 무료로. 민살풀이 춤은 세상에서 가장 무겁고 느리게 추는 춤이다. 하얀 수건 한 장 들지도 않고 그저 빈 손에 빈 몸으로 허공에 팔을 들어 추는 춤. 같은 듯 다르고 다른 듯 같은 동작을 하고 또 하고 하고 또 하고. 정명희 선생의 열정에 수강생들은 힘들다는 말을 할 수가 없다. 그러던 어느 날 수업이 끝나고 김양오가 정명희 선생에게 여성농악 원로분들에 대한 이야기를 꺼냈다. 그러자 정명희 선생은 그 분들을 알 것 같다고, 어머니랑 가깝게 지냈던 분들일 거라고 반가워했다.

그리고 얼마 뒤 강회장과 김양오는 정명희 선생이 공연을 한다는 소식에 지리산 소극장에 장봉녀 선생님을 모시고 갔다. 정명희 선생에 대해 말씀드렸더니 몹시 반가워 하셨기 때문이다. 선생님은 무대 위에서 하얀 한복을 입고 춤을 추는 정명희 선생의 모습에 한시도 눈을 떼지 못했다. 그리고 가끔 추임새를 넣어주셨다. 공연이 끝난 뒤 정명희 선생이 옷도 갈아입지 않고 버선발로 달려와 휠체어를 탄 장봉녀 선생님 앞에 쪼그리고 앉았다.

"조영숙씨 딸이여? 명희?"

정명희 선생의 손을 잡고 눈을 맞추며 말씀하셨다. 정명희 선생은 촉촉하게 젖은 눈으로

"선생님 뵈니까 어머니가 생각나요."

하고는 눈물을 흘렸다. 두 사람은 손을 꼭 잡았다.

사월 초파일 춘향이 생일날을 전후에서 펼쳐지는 춘향제, 정명희 선생과 제자들이 광한루원 큰 무대에서 공연을 했다. 남원 사람들만 하는 게 아니라 전국에서 조갑녀류 춤을 배우는 사람들이 다 모여 무대를 장식했다. 정명희 선생은 젊었을 적 어머니처럼 까만 장삼을 입고 긴 옷자락을 제비날개처럼 휘두르며 승무를 추었다. 1936년 남원의 첫 신식 다리인 승사교가 개통될 때 승무를 추면서 승사교를 맨 처음 걸었던 어머니 조갑녀. 10대 어린 나이에 온몸에 춤이 들었다는 평가를 듣던 어머니의 춤을 따라갈 수는 없지만 최선을 다해 어머니의 춤, 남원춤을 이어내고 있었다.

관중석에서 "으이" "아아" "얼씨구" 찰떡같은 추임새가 쏟아졌다. 장봉녀, 배분순, 박복례 세 원로가 힘껏 추임새를 보내주고 있었다. 특히 배분순 선생님의 추임새는 예전부터 유명했다.

"내 추임새가 하도 좋아서 공연할 때 일부러 나를 불러가는 사람들도 있었어."

조갑녀의 고모 조기화 명무에게 춤을 배웠던 배분순 선생님은 정명희 선생이 추는 민살풀이를 누구보다도 잘 알았다. 공연이 끝나고 정명희 선생이 세 분을 찾아왔다.

"선생님들이 추임새하시는 줄 알았어요. 추임새를 그렇게 잘 해주셔서 춤을 더 잘 출 수 있었어요. 감사해요."

그 어느 악기보다 춤을 아는 분들의 추임새가 가장 훌륭한 장단이었다.

그날 정명희 선생은 세 분께 특별한 분을 소개해 드렸다. 진옥섭. 문화재 재단 이사장을 지낸 전통예술연출가로 이 바닥에서는 모르는 사람이 없는 실력가다. 소싯적부터 숨은 예인을 찾아 전국 방방곡곡을 누볐고 지금도 눈을 반짝이며 숨은 고수들을 찾고 있는 사람. 그가 쓴 『노름마치』에는 그렇게 찾아낸 우리 민속 예술의 진정한 고수들이 담뿍 담겨 있다. 그 중에 조갑녀 명무도 있었다. 바로 그 진옥섭이 이번 공연도 함께 꾸리고 있었던 것이다.

진옥섭 선생과 세 분의 이 날 잠깐의 만남이 나중에 어떤 일을 만들어낼지 그 때는 아무도 예상하지 못했다. 진옥섭 선생은 나중에 세 분을 뵈러 다시 남원에 오겠다고 약속했고 가을 하늘이 한껏 높아진 10월에서야 약속을 지켰다.

조갑녀 명무관에서 다시 만난 네 사람은 옛날 이야기를 한참 풀어냈다. 이야기를 다 들은 진옥섭 선생은 이렇게 말했다.

"호박이 넝쿨 째 들어왔네~ 얼씨구!"

세 원로들과 진옥섭, 정명희

2022년 10월 16일 남원의 가을 하늘은 빨려 들어갈 것처럼 한량없이 맑고 깊었다. 춤추기 딱 좋은 날이다. 조갑녀 명무의 탄생 100주년을 맞아서 명무관에서 춤판이 벌어졌다. 전국에서 온 정명희 선생의 제자들이 '안숙선 명창의 여정' 연습실에서 화장을 하고 머리 단장을 했다. 남자들은 하얀 두루마기를 입고 여자들은 하얀 치마저고리를 입었다. 부채 홍춤을 추는 남원 제자들만 까만 바지에 노란색 쾌자를 입고 부채를 들었다. 김양오도 그 속에 끼어 있었다. 이들은 거의 다 평범한 시민들인데 그저 우리 춤이 좋아서 정명희 선생을 찾아 모여든 사람들인데 이렇게 공연까지 하는 것이다. 국립국악원 무용 단원 한 사람과 무용 전공을 하는 남학생이 한 명 포함되어 있었는데 이들도 특별히 조갑녀 춤을 배우고 싶어서 월요일마다 명무관에 와서 시민들과 함께 배우고 있었다.

조갑녀 명무관에서 세분을 인터뷰하고 있는 진옥섭

그런데 이들과 달리 전문 공연단도 와 있었다. 가을 하늘처럼 맑디맑은 젊은 여성들로 구성된 여성농악단 '연희단 팔산대'다. 2014년에 부활한 21세기 대한민국의 여성농악단이다. '부활'이라는 단어를 쓸 수밖에 없는 연유가 있었다.

1959년에 남원에서 여성농악단이 처음 창단된 뒤 1960년, 1961년 전국농악대회에서 연거푸 대상을 차지하고 엄청난 인기몰이를 하자 호남여성농악단을 비롯해 여성농악단이 우후죽순 생겨났다. 60-70년대는 가히 여성농악의 시대라고 할만 했다. 그러나 여성국극이 한순간에 사라졌듯이 20여 년 이어진 여성 농악의 인기도 집집마다 텔레비전이 놓이고 읍내마다 영화관이 생기면서 역사의 뒤안길로 소리없이 사라져야 했다. 사람들의 애간장을 녹이던 단원들은 모두 흩어졌고 '떠돌던 기생'이라는 소리에 화려했던 경력을 자식들에게도 함구했다. 당시 판소리하고 우리 악기 좀 연주하는 여자들은 모두 기생이라고 불렀던 것이다. 일제강점기를 거치면서 예인으로서 '기생'의 이미지는 사라져 있었기 때문에 그들은 소리 없이 지냈다.

2014년. 21세기가 시작되고도 한참이 지나서야 여성농악이 부활했다. 우리 음악, 우리 춤을 췄던 사람들을 국악인으로 대접해 주는 세상이 왔고 과거를 자랑할 수 있는 세상이 되었기에 예인들이 다시 나설 수 있었다. 그렇게 부활한 연희단 팔산대가 남원에 온 것이다. 전설로만 듣던 여성농악을 탄생시킨 대선배님들이 남원에 생존해 계시다는 소식에 팔랑팔랑 뛰어왔다. 그들을 남원으로 이끈 사람은 바로 진옥섭이었다.

네 선생님들은 하얀 바지저고리에 파란 조끼를 입고 머리에 두른 하얀 띠에 꽃을 달고 객석 맨 앞에 앉아 있었다. 여러 지역에서 온 춤꾼들의 민살풀이, 남원 춤꾼들의 부채홍춤, 정명희선생의 춤에 이어 팔산대 김운태의

호남여성농악단의 청일점이자 소고 신동이었던 김운태와 장봉녀

소고춤까지 끝났다. 김운태는 어릴 적 아버지가 이끄는 호남여성농악단의 막내 소고잽이였다. 남자지만 어려서부터 여성농악단에서 치고 돌고 나는 소고의 신동이어서 중년의 나이에도 여성농악단을 어깨에 메고 있었다.

이제 네 원로들 차례다. 잔디 마당에 선 상쇠 장봉녀 선생님이 꽹과리를 치기 시작했다. 배분순, 박복례, 노영숙 선생님도 각자 자기 악기를 치며 발걸음을 뗐다. 20세기 최초의 여성농악인들이 앞서자 21세기 여성농악단 팔산대가 뒤를 이었다. 팔산대 상쇠 장보미는 원로 상쇠 장봉녀의 쇳소리에 맞춰가며 꽹과리를 쳤고 나머지 단원들도 원로들의 가락에 귀를 기울이고 속도를 맞춰가며 굿을 만들어갔다. 장봉녀 선생님이 너른 마당을 활용하면서 진을 짰다. 모두 그의 지휘에 따라 움직였다. 판굿이 무르익고 농악의 꽃 농부가가 시작되었다. 네 분이 돌아가며 마이크를 잡고 농부가

예인들의 춤잔치가 벌어진 조갑녀 명무관

를 불렀다. 젊은 팔산대 단원들도 함께 불렀다. 조갑녀 명무관 둘레로 사람들이 몰려들었다. 그들은 자신들이 세기의 공연을 보고 있다는 사실을 알지 못한 채 새파란 가을 하늘 아래 펼쳐지고 있는 화려한 풍물 굿판에 마음을 빼앗기고 있었다.

공연이 모두 끝나고 출연진 모두가 나와 풍물 소리에 맞춰 제각기 춤을 췄다. 조갑녀 명무관 잔디 마당은 흥으로 가득 찼다. '노름마치'는 놀음을 마치게 하는 최고의 고수들을 부르는 남사당패들의 말이다. 그 말을 책의 제목(『진옥섭의 사무치다 '노름마치'』)으로 쓴 사람이 바로 이날 사회를 본 진옥섭이다. 진옥섭은 이날 마무리 인사 중에 이런 말을 했다.

"은퇴를 하려고 했는데 여성농악단 원로분들을 만났으니 은퇴를 늦춰야겠습니다. 이분들이 전주에서 서울에서 공연할 수 있게 하겠습니다."

진옥섭, 정명희, 연희단 팔산대와 여성농악 원로들

그 말을 거기 모인 모든 사람들이 다 들었겠지만 특히 강경식과 김양오는 새겨 들었다.

2022년을 이렇게 화려하게 보낸 여성농악 네 원로들은 긴 겨울동안 어쩔 수 없이 조금씩 더 늙어가야만 했다. 진옥섭 선생 말대로 전주나 서울에서 공연하려면 건강을 잘 지켜야 하는데 강회장과 김양오는 가는 세월이 야속하기만 했다. 그래서 김양오는 진옥섭 선생에게 서울 공연을 서둘렀으면 좋겠다고 말했다.

2023

# 62년 만의 서울 공연

또다시 봄이 왔다.

서울 공연 날짜가 잡혔다고 진옥섭 선생에게 연락이 왔다. 남원시의 예산 지원으로 서울 공연이 성사되어 이동 비용과 공연비도 받게 되었다고 했다. 진옥섭과 정명희 선생의 열정 덕분이었다. 그러나 93세, 80세, 79세, 70세가 되신 원로들의 관절은 더 뻐그럭거리고 몸은 더 무거워져서 서울까지 올라갈 수 있으려나 다들 걱정하셨다. 그러나 아예 못가겠다고 빠지겠다는 분은 없었다. 쓰러져도 무대에서 쓰러져야혀!

1960년 제1회 전국농악경연대회 대통령상, 제2회 민속예술경연대회 대상을 받은 이후 서울 공연은 처음이니 62년만의 서울 공연이다. 경기도를 비롯해 전국 각지 안 다닌 데가 없지만 서울 공연은 그랬다. 소식을 들은 김경숙 단장이 말했다.

"이러고 있을 때가 아니에요. 연습을 해야죠."

4월 22일로 날짜까지 정해졌으니 이제 하고말고 없이 그냥 쭉 가는 거다. 국악놀이단이 다시 부산스러워졌다. 매주 연습을 해 나갔다. 강회장은 어르신들의 운전기사, 김양오는 매니저, 김경숙은 연습 단장을 자처했다. 매주 국악단에 모여 연습하는 건 기본이고 김단장은 어르신들의 건강을 위해 간식에 건강식품까지 챙겨드렸다. 연습이 끝나면 좋은 음식점으로 모시고 갔다. 이런 비용은 역사연구회 회원들이 십시일반 모아 준 돈으

서울 공연 준비에 한창인 원로들과 조갑녀춤 전수회 회원들(상)
원로들과 매주 공연 연습을 하고 있는 남원 시민들(하)

로 충당했다. 향토사학자 한병옥 선생님, 남원역사연구회 임종명 회원을 비롯해 여러 회원들과 시민들이 서울 공연을 응원하며 차비에 식비에 보태라고 성금을 보내주셨다.

공연이 며칠 안 남은 4월 어느 날, 전주 KBS 뉴스팀에서 취재하러 나왔다. 62년 만에 서울 컴백 공연을 하게 된 여성농악인들의 이야기를 보도하기 위해서다. 이즈음 원로들은 조갑녀 명무관 잔디 마당에서 조갑녀춤 회원들과 함께 맹연습을 하고 있었다. 서울 공연을 성사시킨 정명희 선생도 어머니 조갑녀 명무에게 배운 승무로 출연한다고 했다. 춤 회원들 중에 풍물을 칠 수 있는 사람들이 장고와 북을 치면서 실제 공연처럼 마당에서 진을 짜면서 열심히 연습했다. 전주 KBS 카메라와 안승길 기자는 여기저기 뛰어다니며 연습 장면을 촬영한 뒤 한 분 한 분 인터뷰도 진행했다. 다행히 연습하고 촬영하는 내내 봄바람은 잠잠하고 따뜻한 햇살만이 원로들의 등을 어루만져 주었다.

**- 배분순 인터뷰 -**

안승길 기자 예전에 활동하실 때 어마어마하셨다고 들었는데 그 당시 어땠는지 말씀해 주세요.

배분순 여수 오동도가 첫 공연인데, 오동도 들어가는 다리 있죠? 거기다 매표소를 만들어서 돈을 받았는데 사람이 하도 많이 오니 돈을 담을 데가 없어서 쌀가마에 받았죠. 여성농악단이라 해서 인기가 많았어요. 지금 같으면 아이돌같이 인기가 많았죠. 사람들이 따라다니고 돈을 가지고 와서 사가고(공연 유치). 하여튼 한국에서는 안 가본 데가 없었어요.

안승길 오랜만에 하시지만 가락이 되살아 나시죠?

배분순 되살아 나지요. 재작년까지만 해도 장고를 메고 혼자 설장고도 했어요. 그런데 올 해는 안 되네. 허리가 아파서 장고를 메기도 힘들고 다리도 아프고.

안승길 남원 여성농악단이 여성농악의 시초, 원형이라고 볼 수 있죠?

배분순 그렇지요. 안숙선이가 최고 꼬마로 따라다녔죠. 오갑순이가 장고를 쳤고. 책으로도 나오고. 나를 취재해서 책을 내려고 명지호텔에서 사흘간을 기다렸다 나를 기어이 만나갖고 인터뷰해서 책을 냈죠. '주간 여성'에도 나왔는데 절반이 내 얘기였어요.

- 장봉녀 인터뷰 -

안승길 연습하는 거 뵈니까 60년 만에 잡으신 거라고 볼 수 없을 정도로 잘하세요. 오랜만에 잡아도 예전의 감각이 살아나시는 거죠? 엄청 흥나게 하시더라고요.

장봉녀 그래도 손도 안 돌아가고 순서도 잊어버리고 가락도 못 넣고 그러죠.

안승길 예전에 대회 나가실 때 어떻게 하셨어요?

장봉녀 전국대회 갈 때 한 달 만에 배우라고 그래가지고 손바닥에 적었는디 얼마나 긴장을 했는가 나가서 요리 보니께로 땀에 젖어서 싹 없어졌더라고요. 그래도 그동안 머릿 속에 다 넣은 게 있어서 했지요.

안승길 오랜만에 팀으로 모여서 하니까 어떠세요? 여러 사람이 같이 하니까 어떠신지 궁금합니다.

장봉녀 좋기야 좋지요. 이제 웃을 일밖에 없어요. 젊었을 때는 기운도 있응게 좀 돌아도 기분이 나고 그랬는데 지금은 다리부터 말을 안 들어요. 그러니께로 곤란하죠잉.

안승길 선생님들이 여성농악의 역사고 원형 그 자체라 이것을 이어가는 게 중요하다고 보는데 어떠세요?

장봉녀 그렇기야 하지마는 지금 다 나이 먹고 어디서 사는 줄도 모르고 생명을 잃은 사람들도 있어요. 할 수가 없어요.

안승길 토요일 오랜만에 서울 남산 가셔서 공연하시는데 어떤 마음으로 준비하고 계세요?

장봉녀 아이고 그것만 자꾸 머리에 떠올라요. 잘만 하면 좋지요. 이 나이 먹어서 저렇게 논다 할텐디. 내 마음으로는 이 잔디밭에서라도 놀 수 있는데 그게 마음대로 잘 안 돼요. 서울에 소고 치는 사람 10명을 마련해 놨다는데 생면부지여, 서로 생소하죠. 안 맞춰봐서 그게 걱정이에요. 안 삐고 서로 잘 맞춰서 해야 하는디 가봐야 알죠. 잘 놀았소, 잘 구경했소, 그 말이 제일 듣고 싶지만은 다들 칠십 팔십이 넘었으니 얼마나 잘 하겠어요? 되도록 이면 웃음 얻고 내려와야지요.

다리가 아파서 서울에 올라가지도 못할 것 같다던 박복례 선생님도 "아무리 아파도요 준비 싹 하고 소리 나면 아픈 데가 어디로 싹 가버리고 없어요. 끝나고 나선 나 죽겄다." 하며 카메라 앞에서 활짝 웃으셨다. 이분들을 발굴해 남원뿐 아니라 서울 무대까지 설 수 있게 한 시민들을 대표해서 김양오도 한마디 했다.

"이 분들은 남원국악원의 근간을 만드셨고 그 어려운 시절 춘향제를 계속 이어오신 분들이세요. 굉장히 큰 일을 하셨고 은인같은 분들인데 이렇게 잊혀졌다는 게 너무 안타까웠습니다."

그렇게 촬영한 방송은 2023년 4월 19일 저녁 KBS 뉴스와 다음날 아침 뉴스에 방송되었다.

4월 22일 드디어 그 날이 다가왔다.

남산 국악당 토요일 낮 공연이지만 연로하신 분들이 당일치기로 올라가서 공연을 하고 내려온다는 것은 당연히 무리다. 하여 1박2일 일정을 짰다. 금요일 점심을 먹고 남원을 떠나 안전 속도를 지켜가며 남산 근처 식당에 도착하니 오후 5시가 다 되어 갔다. 퇴근 시간이 아직 멀었지만 도로가 막혀 서울에서 1시간을 지체했던 것이다.

식당을 예약해 놓고 남원 일행을 기다리고 있는 사람이 있었다. 코리아헤럴드 최진영 대표. 1990년대에 남원 시장을 지낸 분으로 남원에 '국악의 성지'를 만들 정도로 국악에 관심이 많았던 분인데 원로 국악인들이 서울

원로들을 위해 만찬을 준비한 코리아헤럴드 최진영 대표(전 남원시장)

에서 공연을 하게 됐다는 소식을 듣고 만찬을 준비해 놓은 것이었다. 꽤 오래 전에 시장을 했지만 어르신들은 모두 최진영 시장을 기억했고 반가워하셨다.

최대표는 자기가 남원시 대강면 출신으로 아버지가 마을 농악대에서 상쇠를 하셨다며 농악하는 어르신들을 뵈니 아버님 생각이 난다며 눈물을 닦았다. 최대표는 원로들의 서울 공연을 매우 자랑스러워하며 프랑스 에펠탑 앞에서 공연을 하면 세계인의 주목을 받을 거라며 꼭 가자고 술잔을 들고 외쳤다.

"프랑스를 향해 지화자~~!"

"좋다~!"

다들 함박 웃음을 지으며 크게 대답했다. 최진영 대표는 고향 어르신들을 위해 먼저 노래를 불렀다. 한양 천리 떠나간 님 너라고 잊을쏘냐, 서낭당 고갯마루 하는 노래를 불러 어르신들을 즐겁게 해드렸다. 5시간 넘게 차를 타고 서울에 오는 동안에 고관절, 무릎, 허리 여기저기 아프다고 아구구구 소리를 냈던 분들이지만 최대표의 살뜰한 마음에 모든 것이 녹아버렸다. 프랑스에서 공연이라니, 생각만 해도 기분 좋은 꿈이 아닌가? 최대표는 다음날 손님들을 많이 모시고 공연장에 가겠다며 어르신들께 편히 쉬시고 내일 공연 잘 하시라고 공손하게 배웅했다.

숙소에 들어가기 전 남산국악당에 들러야 했다. 내일 공연을 같이 하는 연희단 팔산대가 리허설을 하고 있었기 때문이다. 네 분도 무대를 미리 보고 동선을 맞춰봐야 했다. 연희단 '팔산대' 단원들이 무대에서 열심히 뛰고 있었다. 그런데 상쇠와 장고잽이의 배가 한없이 불러 있었다. 둘 다 만삭이란다. 작년 가을 남원에서 같이 공연할 때만 해도 전혀 몰랐는데 그 때도 임신 중이었던 것이다. 네 분도 악기를 잡고 리허설에 참여했다.

남산 국악당에서 밤늦게까지 진행한 리허설

장봉녀 선생님은 상쇠로서 빛나는 눈으로 카리스마있게 단원들을 지휘했다. 작년 가을에 한번 같이 놀아보긴 했지만 이런 무대에서 공연을 하는 것이라 처음이나 마찬가지다. 세심하게 동선을 지휘했다. 아흔이 넘어도 전혀 시들지 않은 저 카리스마. 저녁을 잘 드셔서 그런지 네 분 모두 힘든 기색 없이 한 시간 가까이 진행되는 리허설을 잘 마쳤다.

다음날 아침, 서울의 봄하늘이 보기 드물게 티없이 맑았다. 햇살은 온화하고 바람은 부드러우며 남산의 새들은 새잎이 돋아난 나무들 사이를 날아다니며 즐겁게 종알거렸다. 국악당 뒤로 남산 타워가 아주 가까이 서 있었다. 강회장과 김경숙 일행은 일찌감치 원로들을 모시고 국악당 분장실에 가서 복색을 챙겨 입혀드리고 단장을 해드렸다. 얼마 전에 남원까지

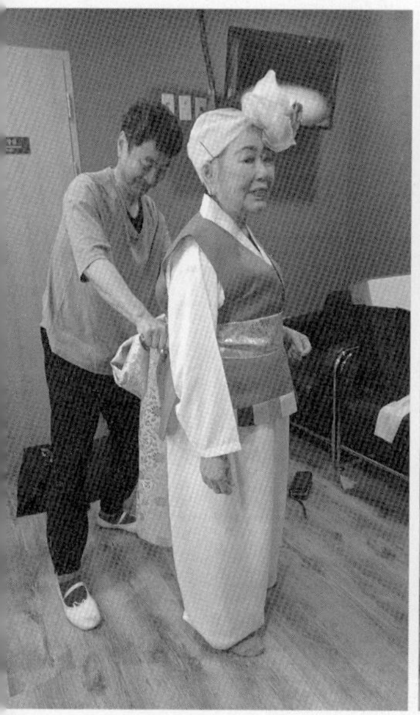

신의상실 신근철 사장과 배분순

분장실에서 네 원로와 김경숙, 정명희, 김양오

와서 이분들의 치수를 재 가지고 간 종로 '신의상실'의 신근철사장이 직접 와서 한분 한분 옷이 잘 맞는지 보고 이것저것 도와드렸다. 진옥섭 선생의 부탁으로 신사장이 네 분께 새 옷을 지어드린 것이다. 오랫동안 공연복을 만들어 온 이 바닥에서는 매우 유명한 의상실이라고 했다. 꽃분홍으로 색도 곱고 부드럽게 차르르르 흐르는 새 옷을 입으니 네 분의 모습은 20대 시절 농악단원으로 돌아간 듯했다. 비단 조끼에 새겨넣은 금박 무늬는 진짜 금이라고 했다.

네 분의 연주를 거들기 위해 무대에 올라가야 하는 김경숙도 복색을 갖춰 입고 단장을 했다. 강회장과 운전 봉사를 해 준 박형규, 장봉녀 선생님 동생, 배분순 선생님 아들은 객석에 앉아 있었다. 그런데 객석에는 이들 말고도 남원분들이 여럿 앉아 있었다. 이번 공연의 공동주관단체인 남원

'무풍' 공연 홍보지 영자 신문 코리아헤럴드에 보도된 공연 소식

문화원(원장 김주완) 관계자들, 남원역사연구회 임종명 회원과 몇 분이 기차를 타고 상경해 원로들의 컴백 공연을 응원했다. 어제 만찬 자리를 마련해 준 최진영 전 시장도 지인들과 함께 객석 가운데에 앉아 있었다. 객석은 빈 자리가 없었다. 300석 매진이다. 전주 KBS 뉴스, 헤럴드 경제(대표 최진영)와 조선일보를 비롯해 여러 신문에 보도된 기사를 보고 뒤늦게 표를 구하려던 사람들은 입맛을 다실 수밖에 없었다. 여성농악 원로들의 컴백 공연이라는 특별함도 있지만 이미 오랫동안 다져놓은 연희단 팔산대의 팬덤 덕분이었다.

舞風(춤바람)
'어허! 저 허공중천의 춤
배움이 아닌 겪음으로 그래 낸 창전항로'
이것이 이번 공연의 포스터 타이틀이다.

원로들의 연세가 93세, 80세, 79세, 70세, 팔산대 단원들 나이가 뱃속 아기부터 7세 막내 소고잽이, 10대 청소년들, 20대, 30대, 40대, 50대, 60대까지 있으니 0세부터 90대까지 그야말로 모든 세대가 참여한 세기의 공연이 마련되었다.

드디어 공연이 시작되었다. 객석 뒤 출입구에서 양쪽 통로를 통해 화려한 복색을 갖춘 팔산대가 풍물을 치면서 입장했다. 맨 뒤의 관객부터 맨

꽉 찬 객석 사이로 입장하는 연희단 팔산대

앞의 관객까지, 가운데뿐 아니라 벽쪽에 앉은 모든 관객들까지 굿판에 몰아 넣었다. 국악당이 순식간에 뜨겁게 달궈졌다. 팔산대의 한판 굿이 끝나고 사회자 진옥섭이 등장해 인사말을 한 뒤 무대 천장에서 커다란 스크린이 내려왔다.

흑백 영상 속에서 젊은 여인들이 장고와 북을 메고 팔랑팔랑 가볍게 뛰어다녔다. 누구는 꽹과리를 쳤고 누구는 장고를 쳤고 앳돼 보이는 여자아이들은 소고춤을 추며 따라다녔다. 서울 운동장 관중석을 가득 메운 사람들은 풍물을 치며 뛰어다니는 여자들을 넋 놓고 바라보고 있었다. 1960년 '이승만 대통령 탄신 기념' 전국 농악대회에 출전한 남원 여성농악단의 실제 공연 모습이다. KTV에서 제공하고 있는 것을 역사연구회에서 찾아서 전달했던 것이다. 짧은 영상이 멈추자 사회자가 네 분을 불렀다. '신의상실'표 분홍색의 고운 농악복을 입은 구부정한 원로들이 천천히 걸어나왔다. 사회자가 달려가 장봉녀 선생님의 손을 잡고 앞으로 이끌었다.

1960년 제1회 전국농악대회 영상이 상영되고 등장한 원로들

"이분들이 저 영상 속의 인물들이십니다! 대한민국 최초의 걸그룹 남원 여성농악단 단원들이십니다!"

300석을 꽉 채운 관객들이 "와!"하는 함성과 함께 뜨겁게 손뼉을 치며 원로들을 맞이했다. 남산 국악당의 지붕이 들썩였다. 박수 소리는 쉽게 그치지 않았다. 노인들은 천천히 허리 숙여 인사를 했다. 사회자와 이런저런 이야기를 나눈 뒤 드디어 꽹과리를 잡고 장고를 메고 소고를 잡은 네 노인들의 공연이 시작되었다.

꽹과리를 치는 장봉녀 선생님은 풍물패를 진두지휘하며 진을 짜나갔다. 장고를 메고 찌뚱찌뚱 따라다니던 배분순 선생님은 더 이상 힘들겠는지 장고를 받침대에 올려놓고 서서 쳤다. 옛날에 다친 고관절이 늘 문제다. 서울 공연은 절대 못 간다고 뻗기도 했던 박복례 선생님도 언제 그랬냐는 듯 팔다리 어깨와 등판에서 춤이 스며 나왔다. 고혈압, 당뇨, 관절 하나 성한 데가 없지만 웅숭깊은 소고춤은 젊을 때보다 더 아름다웠다. 다른 분들에 비해 아직 청춘인 노영숙 선생님은 오랜만에 큰 무대에 서니 더욱 신명이 나 몸이 절로 움직였다. 왕년의 솜씨를 보여주고 싶은 마음이 간절한 듯 소고를 들고 뱅글뱅글 돌았다.

원로들이 풍물을 치고 춤을 추는 동안 관중들은 두 팔을 위로 올려 손뼉치기를 멈추지 않았다. 함성과 추임새가 자주 터져 나왔다. 국악당의 공기는 완전히 달라져 있었다. 상쇠 영감이 꽹과리를 멈췄다.

"여보시오, 농부님들!"

"예이~"

"우리 서울까지 왔으니 농부가나 불러 봅시다!"

"예이~"

농악의 꽃은 '농부가'라는 공식은 서울에서도 변함이 없었다.

상쇠가 선창을 했다. 아흔 셋 할머니의 목소리라고는 믿기지 않게 다부지고 큰 목소리에 관중들은 또 한번 탄성을 질렀다. 장고잽이, 소고잽이 원로들이 차례로 농부가를 이어 받았다.

그렇게 30분 가까이 원로들의 공연이 끝나고 연희단 팔산대의 공연이 이어졌다. 어린 남자 아이가 머리에 작은 상모를 쓰고 소고를 든 채 어른들을 따라 촐랑촐랑 뛰어다녔다. 아직 동작이 제대로 되지는 않지만 다 따라 했다. 일곱 살 이 아이는 징을 치는 여자 단원의 손자란다. 배가 남산만한 장보미 상쇠가 꽹과리를 치고 노래를 했다. 배가 더 큰 단원은 북을 메고 서서 쳤다. 한 명은 1주일 뒤가 출산 예정일이고 한 명은 현재 임신 9개월이란다. 무대에서 뛰다가 애기가 나올 수도 있는 상태인 것이다. 둘 다 셋째 아이다.

정명희의 민살풀이, 김운태의 소고춤, 한량춤까지 2시간이 넘게 이어졌고 마무리할 즈음. 사회자 진옥섭이 원로들을 다시 무대에 모셨다. 이 분들이 판소리뿐 아니라 트로트까지 잘 한다는 사실을 알고 즉석에서 한 곡씩 청하려는 것이다. 하라면 못할 게 없는 분들이며 서울에 왔다고 기죽을 분들이 아니다. 배분순 선생님이 북을 뜨르륵 긁으며 간드러지게 노래를 불렀다. 관중들은 자지러졌다.

팔산대가 준비한 나머지 공연도 다 끝나니 2시간 30분이 지났다. 2시간 30분이 지났어도 객석의 열기는 식지 않았고 분장실에서 대기하는 원로들도 지치지 않았다. 드디어 커튼콜! 단원들이 모두 인사하고 마지막에 네 분을 모셨다. 객석에서 다시 한번 환호성이 터져 나왔다. 화려한 조명

아래 꽃다발을 든 네 분이 더욱 환하게 웃으셨다.

모든 일정이 끝나고 남원으로 내려가는 차 안은 흥분의 도가니였다. 생각보다 무대 공연을 훨씬 잘 해냈다는 자부심이 뿜어져 나왔다. 그렇지만 "아이고 프랑스는 못 가, 비행기 오래 못 타. 다리 아파 못 가!" 자랑스러운 마음에 최진영 대표가 농담 삼아 던진 에펠탑 공연을 또 이렇게 진지하게 받아치며 웃음을 주셨다. 김양오는 다음날 살짝 걱정이 돼서 네 분께 안부 전화를 돌렸다. 1박2일 무리한 일정에 혹시 편찮으신 분은 없는지. 그러나 네 분 모두 컨디션 최고셨다. 이 정도면 에펠탑 공연도 가능하지 않겠냐며 또 웃었다.

이틀 뒤 김양오는 혼자 전주 KBS방송국 뉴스룸을 찾았다. 뉴스 진행 중에 아나운서와 직접 인터뷰하는 방송에 출연하기 위해서다. 공연 며칠 전 방송국에서 김양오에게 연락이 왔었다. 직접 출연해서 여성농악인들을 어떻게 발굴해서 서울 공연까지 하게 됐는지 얘기해달라는 요청이었다. 김양오는 춘향제의 역사와 최초 춘향 영정의 존재를 알리고 여성 국악

KBS뉴스 전북 뉴스룸에서 남원여성농악단과 서울 공연에 대해 말하고 있는 김양오

인들의 헌신을 알리고자 방송 출연을 수락했고 그렇게 얘기하고 돌아왔다. 방송은 그날 저녁과 다음날 아침 뉴스에 잘 나왔다.

8장

# 아흔 셋에 이사라니

장봉녀 선생님 댁에 안 좋은 일이 생겼다. 광한루 서문 앞의 오래된 주택가에 살고 계셨는데 이 일대가 도시개발 구역으로 정해진 것이다. 선생님은 이 집에서 40년을 살았지만 퇴직한 남편이 중병에 걸려 고생하다 돌아가셔서 재산을 다 날리고 전세로 살고 있었다. 딸만 둘 있지만 큰 딸은 일본에 둘째 딸은 다른 지방에 살고 있어 막내 동생하고 단 둘이 살고 있던 터였다. 세입자니 보상금도 받을 수 없는 처지라 집 걱정에 나날이 근심이 늘어갔다.

강회장과 김양오는 남원시청을 찾아가 이 분이 어떤 분인지 알리고 이 집을 시에서 매입해 여성농악 기념관으로 만들어 달라고 부탁했다. 아흔 셋 고령이라 환경이 바뀌는 게 매우 안 좋다고 사정을 했다. 정 나가야 한다면 이 집과 비슷한 마당이 있는 주택을 마련해 달라고도 했다. 그러나 이런 노력은 모두 허사였고 집에서 나가야 하는 날은 하루하루 다가왔다. 개발업자에게 걸려오는 독촉 전화에 두 분은 가슴이 조여 잠도 제대로 못 잔다고 했다.

마지막 단감을 따고 있는 강은씨

집 나이만큼 나이를 먹은 단감나무

아무 대책이 세워지지 않자 결국 일본에 사는 큰 딸이 일본 살이를 정리하고 돌아오기로 했다. 작은 아파트를 사서 함께 살기로 한 것이다. 장봉녀 선생님댁은 특히 남원다움관 확장 구역에 해당되었다. 남원의 근현대사 기록관인 남원다움관 권순명 관장은 이런 안타까움을 헤아리며 선생님 댁은 못 지켰지만 남원 여성농악에 대해 특별히 잘 기록하고 전시하겠다고 약속했다.

가을이 되었다. 내년이면 헐려 없어질 집, 마당의 큰 감나무에 단감이 주렁주렁 열렸다. 지붕보다 높고 담장 밖으로 고개를 내민 가지에도 노란색 단감이 셀 수 없이 달려 파란하늘과 잘 어울렸다. 그 어느 집 단감보다 아삭아삭하고 단맛이 깊은 감이었다. 강은씨는 장대로 감을 하나하나 따내고 가지에 올라가 높은 곳에 있는 감까지 아낌없이 땄다. 강경식, 김경숙, 김양오를 비롯해 고마운 사람들에게 한봉지씩 나눠주려는 것이다. 박복례, 배분순 선생님 것도 챙겼다. 그러나 늘 그랬듯이 까치들이 먹을 감은 남겼다. 강은씨가 까치에게 주는 마지막 선물이었다.

김양오는 감나무라도 살리면 안 되겠냐고 관계자에게 말했다. 이 집은 없어져도 '우리나라 최초의 여성 상쇠 장봉녀 선생님댁 감나무'라고 기록해 남원다움관 마당에서 자라게 하면 안되겠냐고? 사진과 영상 말고 실물을 전시하는 게 더 의미있지 않냐고? 그러나 답이 없었다. 대추나무, 동백나무, 푸짐한 철쭉, 과꽃도 모두 사라지게 되었다. 손톱에 봉숭아 물을 들이면 저승길이 환해진다며 강은씨가 해마다 누이 손톱에 봉숭아물을 들여주었던 그 봉숭아도 내년부터는 더 이상 올라오지 못할 것이다.

장봉녀 선생님은 이사 날짜가 다가올수록 쇠약해지셨다. 40년동안 묵은 짐을 정리하는 것도 만만치 않은 일이고 답답한 아파트에서 살아갈 것도 걱정이 되어 잠도 잘 안 온다고 했다. 옛말에 노인들이 이사하면 오래 못산다는 말이 있는데 정말 그렇게 되지 않을까 모두 걱정했다. 강회장은 아흔이 넘은 노인을, 남원의 은인같은 분을 이렇게 내쫓는 남원시에 너무나 화가 났다. 그리고 힘이 없는 자신이 원통했다. 새로운 건물을 짓는 것보다 오래 된 문화 자산을 잘 다듬어 보존하고 고마운 분들의 은혜를 잊지 않는 남원시 행정을 바랬지만 모두 허사였다.

김양오도 답답하긴 마찬가지였지만 그래도 새로운 환경에 적응하는 것이 중요하니 최대한 좋은 쪽으로 말씀드렸다. 이참에 묵은 짐도 싹 정리하고 깨끗하고 따뜻한 집에서 살면 겨울에 난방비도 덜 들고 건강하게 보낼 수 있다고 안심시켰다. 그리고 장봉녀 선생님이 30대에 좋은 실로 직접 뜨셨다는 풀색 조끼를 하나 얻어 입었다. 30대에 뜨셨다면 자그마치 60년이 된 조끼다. 당장 입고 다녀도 모든 면에서 손색이 없는 세련되고 멋진

이사가는 날 장봉녀 선생님과 김양오

장봉녀 선생님이 뜨신 60년 된 조끼를 입고 다니며 강의하는 김양오

조끼였다. 평생 잘 입고 다니다가 나중에 남원다움관에 기증하겠노라고 약속했다.

추위가 닥치기 전 결국 장봉녀 선생님과 강은씨는 작은 아파트로 이사갔다. 살던 집 마당에는 수십년 묵은 옷가지들, 담근 술, 책, 잡동사니가 쌓였다. 감나무 아래 장독대도 그대로 두고 갈 수밖에 없었다. 장봉녀 선생님은 광한루 인근에 살 때도 남원초등학교 근처에 살 때도 도로가 나면서 밀려났다고 했다. "세 번째여. 내가 살면서 세 번이나 쫓겨났당게." 그래도 큰딸이 와서 함께 살게 되었으니 나쁘지만은 않았다.

그러나 걱정했던 대로 장봉녀 선생님은 이사간 아파트에서 많이 편찮으셨다. 어떤 병이 있는 것도 아닌데 겨우내 기운이 하나도 없어 일어나 앉아 있기도 힘들었다. 남산 국악당에서 카리스마 넘치게 풍물패를 지휘했던 그 분이 맞나 싶을 정도로 봄과 겨울이 달랐다. 사람들은 모두 이사 탓이라고 한탄했다.

주인 떠난 빈집과 아직 익지 않아 따지 못하고 남겨둔 대문간 호박들

호박죽을 쒀가지고 아파트로 찾아간 김양오는 누워 계신 선생님의 손을 잡고 100살까지 사시라고 부탁했다. 손가락도 걸었다. “봄되면 다시 힘이 나실 거에요. 100살까지 사시기로 약속하세요!” 장봉녀 선생님은 힘없이 웃었다.

2024

9장

# 케라 대신 감사패

봄이 왔다. 김양오 말대로 장봉녀 선생님은 다시 일어나셨다. 만물이 소생하는 봄이 오니 몸에 기운이 돌고 입맛도 돌아 죽이 아닌 밥을 제법 잘 드셨다. 살구꽃이 피기 시작하니 화장실을 걸어서 갈 수 있게 되었고 벚꽃이 활짝 핀 날은 휠체어를 타고 요천에 산책도 나갈 수 있게 되셨다. 강회장과 김양오는 장봉녀 선생님과 동생을 교룡산 아래 오리고기 식당으로 모시고 가서 오리탕을 사 드렸다. 이렇게 다시 모시고 다닐 수 있다는 게 너무나 좋아 즐거운 마음으로 식사를 하고 있는데 저쪽 테이블에서 식사를 하던 남자분이 일어 서서 인사를 했다. 강회장을 잘 아는 분이라는데 방송에서 장봉녀 선생님을 뵌 적 있다고 반가워 하셨다. 그리고 밥값을 내고 가셨다. 작년에 광한루 근처 식당에서도 이렇게 넷이 밥을 먹었는데 그 때도 누가 밥값을 내준 적이 있었다. 다 장봉녀 선생님 덕분이다.

어느 날 김양오는 생각했다. 이분들을 이대로 그냥 보낼 수는 없다. 하여 남원시 문화예술과 김경숙 과장에게 제안을 했다. 시장님이 남원시를 대표해서 이분들께 감사패를 주시면 좋겠다고. 남산 국악당 공연을 지원해 주었던 김경숙 과장은 김양오의 제안에 공감하며 이분들이 감사패를 받아야 할 사유를 정리해 보내달라고 했다. 김양오는 이분들이 남원 국악사와 춘향제에 헌신한 내용을 자세히 정리해 보냈다.

춘향제가 얼마 남지 않은 어느 날 남원시에서 연락이 왔다. 네 분께 감사패 드리는 것이 확정되었다고. 개막식 때 많은 사람들 앞에서 드리면 좋겠다고 제안했지만 개막식 행사 내용은 이미 오래 전에 다 짜여져 있어서 조갑녀류 춤 공연하는 시간에 앞서 광한루 메인 무대에서 진행하기로 했다. 네 분들을 잘 아는 조갑녀 춤 회원들과 함께 하는 것도 의미가 있을 것 같아서 모두 좋다고 하고 그날로 정했다.

제94회 춘향제, 드디어 감사패를 받는 날이다. 이날도 역시 춥지도 덥지도 않고 봄마다 기승인 미세먼지도 하나 없이 따사롭기만 했다. 겨우내 앙상했던 요천변 벚나무가 어느새 다시 푸르러 있었다. 그러고 보니 지난 3년 동안 네 분이 공연을 할 때마다 한 번도 날씨가 안 좋은 적이 없었다. 남산국악당 공연하러 올라갈 때도 1박2일 내내 날씨가 좋아서 가는 길 오는 길 모두 즐거운 여행길이었다.

감사패를 받으신다니 네 분 모두 곱게 단장을 하고 나오셨다. 안성에 사는 노영숙 선생님은 하루 전날 내려오셔서 박복례 선생님 댁에서 하루를 보냈다. 작년 남산 국악당 공연 때 신의상실에서 맞춰 준 분홍색 농악복을 입고 무대에 올라갈까도 생각했지만 갈아입기 힘드니 그냥 평상복을 입기로 했다. 94세가 된 장봉녀 선생님은 두 손자들의 부축을 받아 무대에 오르셨다. 81세가 된 배분순 선생님은 관절이 더 아파 높은 무대에 올라가기가 겁났지만 김양오의 손을 꽉 잡고 한발 한발 올라가셨다. 80대 대열에 오른 박복례 선생님도 김경숙의 손을 잡고 한 계단 한 계단 간신히 올랐다. 노영숙 선생님은 칠순이 되었지만 당장 무대에서 뛸 수 있을 만큼 건강을 지키고 계셨다.

한복을 잘 차려입은 최경식 시장 내외가 무대에서 네 분을 공손하게 맞았다. 사회자가 한분 한분 이름을 부르자 최시장은 정성스럽게 감사패를 드리고 허리를 90도로 굽혀 인사를 했다. 감사패와 꽃다발을 받은 네 분이 최시장과 나란히 서서 사진을 찍었다.

남원시가 이분들에게 처음으로 감사를 표한 순간이었다. 네 분은 평생 거의 받지 못했던 공연비를 이것으로 퉁쳤다.

감사패를 받고 찍은 기념사진

최경식 남원시장에게 감사패를 받으신 네 분

감사패

2025

# 인간문화재 나가신다

2024년 겨우 내내 장봉녀 선생님은 다시 누워지냈다. 이번에는 정말 못 일어나는 것 아닌가 다들 걱정할 정도로 기운이 회복되지 않았다. 입원과 퇴원을 반복했다. 설상가상으로 갈비뼈 두 개가 부러지는 사고도 있었다. 강회장, 김경숙, 김양오는 배분순, 박복례 두 분을 모시고 병문안을 가기로 했다. 다들 예전보다 몸이 안 좋아져 자주 만나지 못하고 살았기에 오랜만에 보니 몹시 반가웠다. 그런데 어르신들이 강회장 얼굴을 보고 놀라며 말했다.

"얼굴이 왜 이래?"

"어디 아픈겨?"

김양오가 보기에도 강회장의 얼굴은 많이 칙칙하고 볼이 푹 들어갈 정도로 말라 있었다.

"임플란트를 여러 개 같이 하느라 고생해서 그래요."

겨우내 임플란트를 한꺼번에 많이 하느라고 고생을 엄청하고 있다는 것이다. 그래도 강회장은 힘든 내색 아픈 내색 하나 없이 두 분을 차에 태우고 장봉녀 선생님 댁으로 갔다. 강회장의 낡은 차는 5년째 원로들의 발이 되고 있었다. 남원천 근처 오래된 아파트 8층에서 동생 강은씨와 큰 따님이 반갑게 맞았다. 오래 되었지만 리모델링을 하고 들어가서 깨끗하고 따뜻했다. 일본살이를 정리하고 온 큰딸 덕분이다.

김양오가 안방 문을 열며 "저 왔어요. 자, 누가 더 왔나 보세요!" 하고 밝고 큰 목소리로 말했다. 힘이 하나 없던 장봉녀 선생님의 눈이 번뜩이며 김양오를 먼저 보고 뒤에 들어오는 두 분을 알아보았다. 그리고는 한 손을 들어올리셨다.

"아이고 성님, 왜 이러고 계세요? 일어나셔야지요."

무릎이 아픈 배분순 선생님이 한 손으로 허리를 바치고 기우뚱거리면서 침대로 걸어가 손을 잡았다. 박복례 선생님과 김경숙도 침대 옆에 바짝 섰다. 김경숙을 보자 장봉녀 선생님이 눈물을 흘리며 반가워하셨다. 너무 오랜만에 보기 때문이다. 기억력이 점점 흐려져 언제 봤는지 정확히 기억도 못하지만 하여튼 너무 오랜만에 보는 반가운 사람이라 저도 모르게 눈물이 흘렀다. 재작년까지 카리스마 넘치는 눈빛으로 풍물패를 호령하던 그 모습은 어디로 간 것일까?

"그동안 자주 못 찾아 뵈서 죄송해요."하면서 김경숙이 노래를 부르기 시작했다. 타령도 부르고 트롯도 불렀다. 박복례 선생님도 한 곡 부르고 배분순 선생님도 한 곡 뽑았다. 장봉녀 선생님은 노래할 힘이 없어 누운 채로 손뼉치는 시늉을 하셨다. 이렇게 한참 놀아드리니 얼굴에 화색이 돌고 말씀도 잘 하시길래 김양오가 손을 꼭 잡고 말했다.

"작년처럼 봄이 오면 다시 일어나실 거에요. 100살까지 살기로 저랑 약속하셨잖아요?"

장봉녀 선생님은 소리 없이 웃으셨다.

장봉녀 선생님 댁에서 즐거운 시간을 보내고 있는 네 분

날이 점점 따뜻해졌다. 3월이 되니 김양오의 말처럼 장봉녀 선생님의 몸에 다시 기운이 돌기 시작했다. 죽에서 밥으로 바뀌고 화장실까지 걸어 다닐 수 있게 되었다. 4월이 되자 동생 강은씨는 누이를 휠체어에 태워 병원도 가고 산책도 다녔다. 작년처럼 다시 살아나신 것이다.

부처님 오신 날이지만 춘향이 생일이기도 한 음력 4월 초파일, 95회 춘향제가 시작되었다. 장봉녀 선생님도 95세가 되셨다. 100세 고지가 눈 앞이다. 강경식 회장과 김양오는 안성에 사시는 노영숙 선생님도 내려오시라고 해서 네 분이 춘향제 나들이를 하기로 했다. 왕년에 춘향제의 주역들이었는데 각자 조용히 춘향제를 보내는 게 너무 아쉬워 모여 놀기라도 하자는 것이다. 재작년에는 광한루에서 토크쇼를 했고 작년 춘향제 때는 시장님께 감사패를 받느라 모였었다. 올 춘향제 때 네 분이 잘 아는 양기권 선생이 공연을 한다길래 그날에 맞춰 모이기로 했다. 남원국악원 초창기에 네 분처럼 강도근 선생에게 소리를 배운 분인데 프로 소리꾼이 되지는 않았지만 평생 남원 동편제 소리를 즐기고 알리고 있는 분이다.

그날이 왔다. 우선 배분순 선생님 댁인 용가리 반점에서 짜장 짬뽕 탕수육으로 배를 든든히 채우고 모두 장봉녀 선생님 댁으로 몰려갔다. 겨우내 누워계실 때는 이런 날이 오리라고 장담하는 사람이 없었다. 다시 건강해진 선생님의 모습에 다들 무척 반가워했다. 네 원로가 아파트 거실에 모여 밀린 얘기를 나누느라 시간 가는 줄 몰랐다. 여성농악단으로 전국 유랑 다니며 공연할 때 화장품이 없어 양초 그을음으로 분장하던 일, 분장을 석유로 지워서 얼굴이 벌게졌던 얘기랑 이런저런 이야기 보따리가 풀렸고 그만큼 웃음보도 터졌다. 그런데 강경식 회장이 핸드폰에 담긴 흑백 사진 하나를 보여주면서 분위기를 바꿨다.

강경식 회장이 가지고 온 여자 상여꾼 사진
(출처 남원문화원)

"예전에 남원에서는 상여 소리를 여자도 했다는데 누님들도 하셨어요?"

어느집 장례 사진인지 어떤 여자가 상여 위에 올라가 있는 사진이었다. 상여를 맨 사람들이 다 남자인데 상여 위에는 농악복을 입은 여자가 서 있었다. 다들 유심히 보고 있는데 기억력이 좋은 배분순 선생님이 말했다.

"우리는 아닌디 여기서는 옛날에 여자들도 상여 소리했지. 홍도 성님이 아주 잘 했어."

"나도 몇 번 했구먼."

박복례 선생님이 슬쩍 던진 말이다. 장봉녀, 박복례 두 분이 상여 위에 올라가 소리를 했다는 것이다. 강회장은 또한번 역사 속 인물들을 만난 듯 흥분하며 스마트 폰으로 영상 찍을 준비를 하고 큰 소리로 말했다.

"그 때 했던 소리 생각 나세요?"

"다 잊어버렸지."

"맨날 다 잊어버렸다면서 다 하셨잖아요. 한번 해보세요."

김양오도 여자분들이 하는 상여소리가 듣고 싶어 적극 거들었다. 배분순 선생님은 식구들이 상여에 못 올라가게 해서 못 했다면서도 입을 달싹이다 먼저 소리를 시작했다.

어어널 어어러널 어이가리 넘차 너화 넘
북망산천이 멀 다더니 저기 앞산이 북망산이로구나

판소리부터 트로트, 상여소리까지 모든 장르의 노래를 부르고 있는 네 분

어어럴 어어러럴 어이가리 넘차 너화 넘

앞산도 첩첩허고 뒷산도 첩첩헌디 혼은 어디로 행하시오

어어럴 어어러럴 어이가리 넘차 너화 넘

인제 가면 언제나 오나 오실날을 일러 주오

어어널 허어널럴 어이가리 넘차 너화넘

강회장은 세 분이 상여 소리를 하자 떨 듯이 기뻐했다.

"이야! 다 하시네요이. 전국에서 여자가 이렇게 상여 소리한 곳은 남원밖에 없을 거에요. 누님들은 인간문화재감이에요. 인간문화재!"

최초의 여성농악인에다가 상여소리를 하는 여성 국악인이라니 인간문화재감이 아닐 수 없었다.

최초의 여성 상쇠 장봉녀

최초의 여성 설장고 배분순

최초의 여성 수벅구 박복례

최초의 여성 자반뒤집기 노영숙

여성 상여소리 보유자 장봉녀, 배분순, 박복례

강회장과 김양오는 이렇게 귀한 분들을 모시고 제95회 춘향제 나들이를 하러 광한루원으로 나섰다. 광한루원 인근에 가니 차가 많이 막혔다. 그 때 김양오가 소리쳤다.

"길을 비켜라! 인간문화재들 나가신다~~!"

양기권 소리꾼의 공연을 보러 가서

강경식 회장과 네 분이 함께 찍은
마지막 사진 (광한루원 오작교 앞)

# 에필로그

2025년 7월

강회장은 아픈 몸으로 여름 내내 옛날 서류를 뒤지고 SNS에 사진을 올리고 글을 썼다. 세상 떠나기 전에 자신이 했던 일들을 조금이라도 정리해 놓고 싶었다. 겨우내 아픈 것을 임플란트때문이라고만 생각했지 암세포가 자라고 있으리라고는 꿈에도 생각하지 못했다. 원로들과 마지막으로 춘향제 나들이를 한 뒤에도 좀처럼 고통이 가시지 않자 큰 병원에 가서 종합검사를 했다. 검사 결과는 충격 그 자체였다. 암세포가 온몸을 점령한 상태라니. 한동안 아무도 만나지 못하고 아무 것도 할 수가 없었지만 급격히 달라지는 자신의 몸을 바라보며 가만히 있을 수만은 없었다. 아직 할 일이 많은데, 해결해야 할 일도 남아 있는데…

오래된 책과 서류철을 꺼내 정리하고 있는데 버릴 수 없는 것이 나왔다. 자신이 이렇게 여성농악에 관심을 갖게 된 원천인 풍물패 '품앗이' 관련 자료였다. 1980년대 후반 자신이 운영하던 부동산 사무실 2층에 임실에서 농악을 하던 양순용 선생이 풍물 교실을 열었다. 양순용 선생은 이 바닥에서 80년대-90년대 가장 유명한 분이었다. 여름 방학이면 전국의 대학생들이 임실 필봉에 농악을 배우러 모여들었다.

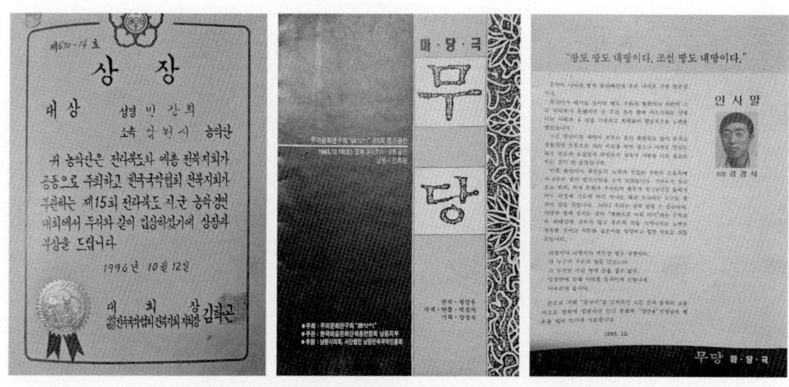


강경식 회장이 페이스북에 올린 풍물패 '품앗이' 관련 자료들

날마다 들려오는 꽹과리 장고 북소리가 시끄럽기보다 마음을 울렸다. 결국 2층을 기웃거리다가 주저앉아 장고를 배우기 시작했지만 다른 사람들처럼 실력이 늘지 않았다. 박자를 못 맞추니 징도 제대로 못 쳐서 늘 선생님께 혼이 났다. 하지만 그 곁을 떠나고 싶지 않아 물이나 음료수 심부름, 악기 옮기는 일, 공연할 때 천막 치는 일과 홍보까지 도맡아 했다. 춘향제 때마다 천막 치고 풍물 치며 막걸리에 파전도 팔았다. 그러다보니 '품앗이'라는 풍물 단체의 회장이 되어 있었다. 대회에 나가 받았던 상장들도 여러 장 나왔다. 이것도 남원의 역사라는 생각이 들었다. '품앗이'를 자신만의 추억으로 사장시킬 수가 없어서 페이스북에 올렸다. 그리고 품앗이 서류는 함께 품앗이를 했던 사람에게 남겨야겠다는 생각에 따로 챙겨 놓았다.

그러던 어느 날 새벽, 강회장은 밤새 암세포와 싸우느라 잠을 한숨도 못 자고 뒤척이다 일어났다. 시원한 바람이 쐬고 싶었다. 어디로 갈까? 갑자기 보고 싶은 게 생각났다. 택시를 탔다.

"광한루 정문이요."

몇 달째 이어지고 있는 사상 유래 없는 폭염에 새벽 공기조차 미지근했

최봉선 만나러 하늘로 떠난 강경식 회장

다. 아무도 없는 광한루 정문 앞에 자신이 만든 최초 춘향 영정 배너가 서 있었다. 몇 년째 이 자리를 지키며 춘향제의 역사와 춘향제의 정신을 알리고 있는 영정 배너. 이 영정 덕분에 장봉녀 선생님과 원로들을 만나게 되었고 임실 필봉 농악이나 남원 농악만 대단한 줄 알았는데 기가 막히게 멋있는 여성농악을 알게 되었다. 지난 4년 동안 여성 농악 원로분들을 모시고 해냈던 많은 일들이 주마등처럼 떠올랐다. 이 영정이 없었더라면, 이 영정을 만나지 못했다면 모두 생길 수 없던 일이었다. 강회장은 영정을 쓰다듬고 횡단보도를 건너 요천 쪽으로 걸어갔다. 요천에서 시원한 바람이 불어왔다. 이제야 살 것 같았다. 아, 좋다!

# 소회

|

김양오 이렇게 평생 활동하신 것을 되돌아 보니까 어떤 생각이 드세요?

장봉녀 서글프기만 해요. 내 자신이. 내가 젊었으면 같이 활동했을 텐데 지금와서는 써도 못헐 풍신이 되어 버려서 서글프지요. 다시 태어나도 또 허겄지요. 그 때는 예수님께서 알선을 잘 해 주시겠지요. (교회도 안 다니시는 분이 어릴 적 배운 찬송가 한 곡을 제대로 끝까지 다 부르셨다.)

배분순 여러분들 만나서 우리가 이렇게 남산 국악당까지 가고… 너무너무 감사하고 모든 것이 다 참말로 기쁘고 좋아서 감개무량합니다. 이렇게 책까지 내주니 이렇게 좋을 수가 없어요. 우리가 '아침마당' 나갈 것을 꿈꾸고 있는데 될는지 안될는지 모르겠지만 되면 얼마나 좋겠어요. 감사합니다.

박복례 옛날 생각하니까 감회가 새롭지요. 아무리 아파서 누웠다가도 공연할 때는 뻘딱 일어나서 했어요. 공연할 때는 날아갈 것 같아요. 살면서 많은 일이 있었지만 농악하는 게 제일 머리에 남아요. 앞으로 건강하기만 하면 계속 하고 싶어요. 책은 영원히 남으니 아주 좋아요.

산에서 쓰러진 박복례 선생님을 업고 내려왔다는 임종명 도의원

선생님들께 원고를 읽어 드리고 소회를 나누려고 모인 자리에 남원역사연구회 회원이며 작년에 전북도의회 의원이 되신 임종명씨가 함께 했다. 2021년 할머니들을 처음 만나서 풍물 연습할 때도 시간될 때마다 와서 북 치고 서울 남산 국악당 공연할 때도 기차 타고 와서 보고 내려간 분이다. 그런데 뜻밖의 이야기를 한다. 이분들을 알기 바로 전 그러니까 약 5년 전쯤 동네 산악회에서 등산을 갔는데 한 할머니가 쓰러지셔서 업고 내려왔는데 그분이 바로 박복례 선생님이라고. 그러자 박복례 선생님이 깜짝 놀라 쳐다봤다. 그때 누가 업고 내려온 거는 알았는데 그게 누군지 여태 몰랐다고. 생명의 은인을 이제야 알게 됐다고 손을 꽉 잡았다. 5년 가까이 알고 지내면서 그 얘기를 이제야 하다니 참 우직한 사람이다. 그런 분이 힘껏 밀어줘서 원로들과의 이야기가 이렇게 책으로 나오게 되었다.

화보

# 서울 남산국악당 공연
(2023년 4월)

(상) 2023 '무풍' 공연에 출연한 모든 예인들 (태중의 아기부터 90대 상쇠까지 모든 연령대가 참여했다. 서울 남산국악당)
(하) 1961년 제2회 전국민속예술경연대회에 참가한 춘향여성농악단 (서울 덕수궁 중화전 앞)

제2부

# 향기조차 짙었어라

# 들어가며

벌써 5년 전에 남원 박복례 언니한테 전화가 왔다. '문화재 야행'이라는 행사 때 공연을 하게 됐는데 와줄 수 있냐고… 나는 언니들과 장홍도 선배님과 만날 생각에 흔쾌히 간다고 했다. 『향기조차 짙었어라』 책 만들려고 인터뷰하러 다닐 때 뵙고 처음이라 너무나 반가웠다.

10월 공연날 내려 가서 역사연구회 강경식 회장, 김경숙 단장, 김양오 작가를 비롯해 여러 분들을 처음 만났다. 이 분들이 지극 정성을 다해 언니들의 손발이 되어 주고 온 동네방네 소문을 내줘서 서울 가서 공연하고 방송 출연도 해 이 나이에 다시 스타가 되었다. 아, 좀 더 젊고 건강했더라면…

나는 열 살도 되기 전 우연히 광한루 근처에 포장만 쳐놓고 만든 공연장에서 흘러나오는 농악 소리에 끌려 개구멍으로 들어가 처음으로 여성농악을 구경했다. 어쩜 저렇게 멋있고 아름다운 선녀들이 있을까? 지금 생각해도 여성만으로 구성되어 섬세한 손발과 몸짓으로 어우러진 아름다운 농악은 다시 볼 수 없을 것 같다. 지금 몇몇이 생존해 계실 때 남원에서 다시 여성농악을 재현하면 좋겠다는 바램도 있었으나 이제 희미해진다.

옛날에는 국악하는 사람은 남원을 거치지 않고는 예술인 행세를 못했다. 명창 대회는 남원밖에 없었고 여기서 등수에 들어야 어디 가서 알아줬던 시절이 있었다. 그런데 지금은 본고장 예술인은 어디 가고 외부 사람들만 있는 것 같아 좀 씁쓸하다. 내고향의 예술성이 되살아났으면 하는 간절한 바람이다.

이제 기억력도 체력도 한계가 와 걷지도 못하시는 분들을 찾아 물심양면으로 도와주시고 모시고 다니며 행여나 꺼질세라 주의 깊게 관심을 가져 주신 모든 분들께 다시 한번 고맙고 감사하다는 말씀 드린다. 특히 이번 책에 『향기조차 짙었어라』에 수록된 장홍도, 배분순, 박복례, 노영숙 이렇게 네 분의 구술 기록을 다시 싣게 되어 무척 기쁘고 고맙게 생각한다.

2025년 10월에

노영숙

1장

# 여성농악 최초의 상쇠, 예인 장홍도(장봉녀)

| 구술자 | 장홍도 (1932년생) |
|---|---|
| 조사자 | 노영숙 |
| 일시 | 2015년 8월 15일 |
| 장소 | 전북 남원시 자택 |

노 선생님이 남원에서 최초로 우리 여성농악이 생겼을 때 거기에서 상쇠 치셨죠?

장 응.

노 성함을 제가 듣기에는 장홍도 씨라고 들었어요.

장 그건 예명이지.

노 아, 예명. 여성농악이 최초로 생겼을 때 그 기억 다 하세요?

장 못해. 아무것도 몰랐지.

노 남원국악원에서 시작을 했잖아요?

장 하먼. 남원국악원 구 시장 있는데. 거기가 그전에 불이 났어. 불난 뒤에는 그 장이 없어졌어. 지금은 광한루로 들어간 데, 칠선옥 앞에, 거기 국악원이 있었지.

노 국악원에 그때 창 배우러 다니셨어요?

장 아녀. 말하자면 농악을 해달라고 해서 갔지.

노 농악을. 활동을 안 하셨는데요?

장 활동도 안 하고. 국악원에는 내가 항상 나가다가 말다가 나가다가 말다 그랬지. 살림을 살면서.

노 그전에는 국악원을 다니셨는데, 농악을 하실 때는 결혼을 하셔가지고요?

장 하먼, 결혼을 해갖고. 배금홍 씨라고 나보다 선배여. 그이가 인자 국악원을 다녔거든. 그래갖고 그이하고 나하고 상쇠하고 부쇠 하라고 그래갖고 애초에 시작했지.

노 그래서 쇠를 배우셨어요, 국악원에서?

장 배우지도 않고 한 일 년인가 이 년인가 우리들끼리 했을 거여, 그냥. 그랬는데 나중에 전사섭이랑, 김병섭이랑 그리 장구잽이, 그리 인자 와갖고 장구 가르치고 꽹가리도 가르쳤지. 장구 치는 김난희, 김난희가 있었고.

노 그럼, 여자 분으로서는 최초로 상쇠를 치신 거 아네요? 여자 분이 그때는 상쇠 친다는 것도 없고 농악을 하는 사람이 없었잖아요? 선생님 살아계실 때 제가 선생님 한번 취재를 해야겠다는 거를 항상 염두에 두고 있었어요. 남원에 여성농악이 있었다는 책을 낼라고 해요.

장 그 머리 아픈 짓을 뭐 하게 혀.

예인 장홍도의 젊은 시절

노 머리 아파도 해야죠. 이렇게 귀하신 분들이 계신데 세상이 모르잖아요. 이름만, 그런 분이 계신다는 얘기만 하지 모르잖아요.

장 다시 다 몰라 버렸는디 뭐.

노 그래도 저는 알잖아요. 그래가지고 어떻게 하셨어요? 어디로 공연 가셨어요?

장 전국적으로 거의 다 했지. 처음에, 서울 전국대회. 농악전국대회.

노 전국농악대회가? 몇 회?

장 모르겠어.

노 어디 신문에 실렸어요. 그때 여성농악이 딱 나타나니까 사람들이 깜짝 놀랬다고. 근데 배분순 언니 얘기로는 여수에 공연을 갔는데, 그때는 남자하고 섞여서 공연을 했다던데요?

장 남자가 어디가 있어?

노 그때 김영운 선생님이 징 치고.

장 김영운 선생님이 처음에 상쇠를 치고 우리가 인자, 나는 조리중을 했거든. 조리중을 하고 여수를 갔었어. 여수를 가서 공연을 하고 나닌게 갑자기 피알PR이 돼부렀잖아, 전국적으로. 여성농악, 그래가지고 전국에 안 댕긴 데가 없어. 밀양까지 다 갔으니까.

노 인기가 있으니까 전국에서 너도나도 다 오라고 그렇게 된 거 아녜요?

장 하먼.

노 선생님이 언제부터서 상쇠를 치셨어요? 여수에서는 조리중을 하시고?

장 그런 뒤로부터는 인자 내가 상쇠를 했지. 연수를 받아가지고.

노 그때 보고 사람들이, "남자들 빼고 여자들만 구성을 하자." 해가지고 그렇게 해서 여자들이 모이게 된 거죠?

장 응.

노 제가 알기로는 남원국악원 경영이 어려워서, 남원국악원을 살리기 위해서 돈을 모으자, 그런 뜻에서 농악단을 만드셨다는 거 같애요?

장 그런게 단체를 다니면서 하루 일당이 얼마다 하면은 학원치를 인자 싹 빼 놔부러. 한명에 얼마씩, 상쇠는 얼마, 장구는 얼마, 소고는 얼마, 이렇게 해가지고 남은 돈은 인자 학원에다가 모았지.

노 일단은 그 학원이 잘 되기 위해서 농악단을 만드신 거네요?

장 그러지, 그때 당시에는.

노 여성농악으로 싹 만들어졌을 때 단원이 누구누구인지 다 아세요?

장 다 잊어버려서 몰라.

노 여수 갔다 오셔서 상쇠 치셨어요?

장 그러지.

노 부쇠는?

장 배금홍 씨. 쇠가 나중에는 문숙이가 있었어. 강문숙. 문숙이가 셋째 쇠로 쳤지. 삼쇠.

노 장 선생님이 상쇠 치시고, 부쇠는 배금홍 씨, 삼쇠는 강문숙 씨, 설장고는?

장 설장고가 거시기여. 아까 말했지. 난희, 김난희. 또 그전에 조산 살았는디 김영순이. 또 김영자가 있었는데, 그러고 인자 소고들은 몰라.

노 소고로는 김정화 언니. 숙선 언니도 소고 쳤다고, 삼버꾸인가 그랬다고 그러고.

장 소고 쳤지. 제일 막둥이로 따라 댕기고.

노 그 단체에서는 여자 단원들이 별로 그렇게 많이 없었네요?

장 그래도 많았어.

노 많았어요? 기억을 못 하셔서 그러지?

장 하면.

노 여성농악으로 해서 최초로 상쇠를 치시고, 얼마 동안이나 다니셨어요?

장 몇 년 다녔지. 그런 뒤에 춘향단체가 생겼지.

노 춘향단체가 생기게 된 계기는 아세요?

장 몰라.

노 그때 단장님 누구신지 아세요?

장 처음에는 조광옥 씨였다가, 조광옥 씨가 연세가 높으닌게 인자 김광식 씨. 김광식 씨가 했었어. 그 사람이 죽었어. 그 사람이 데리고 댕기지.

노 조광옥 씨는 제가 잘 아는데 김광식 씨는 얼굴을 봐야 알겄네요. 제가 모르겠어요. 국악원장은 누구셨어요?

장 국악원장은 박병원 씨.

노 그때도 박병원 씨가 원장이었어요? 저 남원국악원 다니고 나서도 한참 후에 국악원장 하셨거든요.

장 원장 했다가 또 나앉았다가 또 했다가.

노 그러셨구나. 엊그저께 뵀는데 기억력이 쇠퇴해지셨더라고요.

장 아흔 다섯여.

노 아흔 여섯이라고 그러시더만요, 인자. 그러니까 우리 국보들이, 보물들이 다 돌아가시게 생겼어요.

장 배금홍이도 죽었지, 김광식 씨 단장도 죽었지. 김 선생도 죽었지.

노 최석두 씨도 돌아가셨어요.

장 최석두 씨도 환장하게 따라 댕겼어. 국악을 좋아해갖고.

노 제가 한참 밑이라서 저를 모르시잖아요. 저는 선생님을 몇 번 뵀지만 기억을 못 하시죠? 같이 안 다녀서.

장 그때는 어릴 때지.

노 저도 한참 어렸을 때요. 지금 연세가 팔십 몇?

장 팔십 다섯.

노 무슨 띠세요?

장 양띠.

노 몇 년 생이신데요?

장 32년.

노 그면 몇 년 동안 하셨어요, 농악을?

장 그러고 댕길라닌게 적어도 4~5년 했을 거여.

노 그러면 춘향단체 생기고 나서도 한참 다니셨네요?

장 하먼. 그러고 보닌게로 라이벌이 됐지.

노 남원여성농악하고 춘향여성농악하고 라이벌이 됐잖아요? 그럼 따로 따로 공연을 하고 다녔네요?

장 그러믄.

노 장 선생님 감사하고요.

장 별 말씀을.

노 건강하시고요. 이렇게 뵙게 돼서 너무 감사해요. 언젠가 꼭 뵙고 싶었는데 이렇게 말씀을 해주셔서 감사해요. 만약에 말씀도 못 나누면 어떡하나 걱정했었어요. 감사합니다. 선생님 제가 잘 기억하고 있어요. 건강하세요.

장 고맙습니다.

# 여성농악의 장구스타 배분순

| (1차) | |
|---|---|
| 구술자 | 배분순 (1944년생) |
| 조사자 | 노영숙 |
| 일시 | 2015년 8월 9일 |
| 장소 | 전북 남원시 동충동 자택 |

| (2차) | |
|---|---|
| 구술자 | 배분순 (1944년생) |
| 조사자 | 노영숙, 권은영 |
| 일시 | 2016년 5월 19일 |
| 장소 | 전북 남원시 동충동 자택 |

- 1차 구술 -

**마산 공연을 갔는디 막 돌이 왔다갔다 허고 난리더라고.**

**공연을 허고 있는디. 그게 4 · 19여.**

노 언니가 농악을 제일 처음에 어떻게 해서 배우게 됐어?

배 학교 댕길 때 임춘앵이 여성국극단이 포장을 치고 가설무대에서 했어, 남원에서. 돈도 안 주고 포장 밑으로 내가 개구멍 뚫고 들어가서 이걸 보았어. 그랬드니 너무너무 마음에 든 거야. 내가 교복을, 그때 세라복을 벗어갖고 책보에다 싸고 우리 큰 언니 옷 긴 치마를 입고, 어른답게 한다고. 어른맹이로 헌다고. 큰언니하고 같이 살았거든, 내가. 그 언니가 나를 공부를 시켰거든. 그래가지고 그거 딱 보니까 미치겠는거여, 좋아서. '아, 저거 배워야 되겄다.' 그래서 내가 인자 거 임춘앵 씨

보고 그랬어. “선생님 나 이거 좀 배우고 따 라 댕겨야겠다고” 헌게 “아가, 너 얼굴은 매꼬롬허니 괜찮은데 아직 너무 어리다. 더 배와갖고 오니라” 그래. 그래서 더 배울라믄 어디서 배우냐고 근게 학원을 찾으래, 남원국악원을. 그래서 찾아 댕기니까는 광한루 뒤에 화자 즈그 아버지, 김영운 씨 그 양반을 찾어갔지. 찾아가갖고 내가 이만저만 해서 집은 아무도 모르는데 나 소리가 좀 배우고 싶다고 그러니까 “그래 그러면은 한 번 배와 볼까, 한 번 해봐라.” 그래. 그래갖고 ‘왔단 말을’ 고걸 해보라고 허는데 “어 배워도 되겄네.” 그래. 근데 거그서부터 공태수 씨라는 양반의 수양딸로 내가 들어갔어. 한약방 하는 영감님이 총무였어. 남원국악원 총무. 그래갖고 그 양반 수양딸로 들어간게 월사금도 안 내고 공부를 배웠어. 그래갖고 공부를 허고 있는데, 어느 날 갑자기 어디서 선생님을 불러갖고는 김병섭 씨라고, 그 선생님을 불러가지고 막 장구를 배우라고 허더라고. 그래갖고 막 장구를 배우고 산에 올라가서 공동묘지 있는 데 가서, 양림단지. 거기 가서, 막 남들이 시끄럽다고 헌게 거기 가서 치고 내려오고, 치고 내려오고 헌데. “아따 분순이가 영리허구나” 그래. “어이고, 굿 잘 배우네” 그러더니 딱 배우고 나니까는 “아 이제 어디 농악대 가도 되겄다.” 그래싸. 그래놓고는 막 한참 있드라고. 한참 있드니 선생님허고 몇 몇

여성농악단 시절의 배분순

간부님들허고 섞어져갖고 여수 오동도에서 오동도 그 안에 가갖고 매표를 해갖고 돈을 좀 벌어야 되겠다고. 첫 번이지, 인자. 맨 처음에.

노 그게 여성농악이 생긴 시초네?

배 시초지, 그게. 그래갖고 그때 나는 아직 장구가 좀 거시거니까 너는 버꾸를 쳐라, 셋째 버꾸를. 그래갖고 인자 소고를 쳤는데, 화자 아버지가, 김영운 선생님이 징을 치고, 인자 남자 여자 혼합을 해갖고 그러고 쳤는디, 아 대박이 났어. 오동도 다리에다가 매표소를, 딱 들어가는 입구를 막아갖고 돈을 가마니에다가.

노 그때 여자는 누구 누구였는디?

배 여자는 장홍도 씨, 미국 가 있는 김난희, 김영순이. 그 사람들이 다 어디로 흩어져갖고 찾을 길이 없어. 전주에서 또 박미녀라고 가들도 오고, 그때는 이제 막 모아들드라고, 여기저기서. 소문이 나니까 여기저기서 배우러 오고. 그래갖고 공태수 씨, 우리 수양아버지지. 그래서 또 하숙을 붙이고. 인자 선생님들이 짠 거야. 이걸 남자를 빼 버리고 순수한 여자, 여성농악단을 맨들어야 된다 그래갖고 여자만 여자만 인자 농악단을 맨들었어. 그래가지고 농악단을 딱 맨들어 노니까 막 여그저기서 막 불러제껴. 여 임실 끝나고 나면 저그 이리 황등, 또 거기 끝나고 나면 삼례, 딱 그러면 이놈의 굿이 깽번으로만 돌아. 깽번에 포장을 치고.

노 아 저기 강변에? 자갈 있는 데 거기?

배 응, 강변. 거기다 인제 포장을 쳐놓고 매표소를 해놓고. 그래가지고 마산 공연을 갔는디, 마산 가니까 막 어디서 돌이 왔다갔다 허고 난리더라고, 돌이. 공연을 허고 있는디. 그 왜 그러냐고 그랬더니 그게 4 · 19여. 4 · 19가 나갖고 포장을 막 째리 걷어가고, 우리가 막 도망을 댕기고, 죽을까 싶어서 막 "뛰어라, 뛰어라!"허고 막 간부님들 이 난리를 허고.

노 마산에 가서 공연을 하는디 4 · 19가 났어?

배 어, 마산에 가서. 그런 꼴도 당했고만. 단원이 흩어지지는 않고, 그래갖고 배우고 인자 그대로 있어. 공연은 멈췄지. 남원으로 다시 와갖고. 있는데 느닷없이 인제 전주서 일출암 절에서 김동준[1] 씨가 선생이고 또 인제 꽹가리 뭐 북 막 해갖고 광주 김오채 씨가 또 거 그를 와갖고.

남원여성농악단 박옥경과 함께 여수 오동도에서

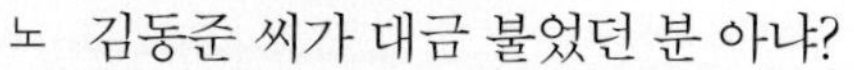

노 김동준 씨가 대금 불었던 분 아냐?

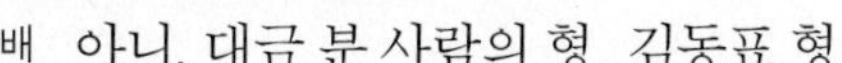

배 아니, 대금 분 사람의 형. 김동표 형. 김동식[2] 씨, 김동열[3]이, 김동준 씨가 젤로 큰 형, 소리 선생님. 그 양반은 소리 선생님이고 그 밑에 동식 씨하고 동열이하고만 대금을 배왔어.

---

1) 김동준(1929~1990) : 중요무형문화재 제59호 판소리 고법 예능보유자. 전라남도 화순 출신으로 국악인 집안에서 태어났다. 어려서부터 판소리를 익혔으나 오히려 명고수로 유명해져 1989년 고법으로 중요무 형문화재 예능보유자로 지정되었다. (한국민족문화대백과, 한국학중앙연구원 참조)

2) 김동진으로도 불린다. 다른 대금 연주자들과 반대 방향으로 대금을 잡고 연주하는 특징이 있었다고 한다.

3) 김동표의 다른 이름이다. 김동표는 1941년생으로 중요무형문화재 제45호 강백천류 대금산조 예능보유 자이다.

노 김동표 씨가 지금 인간문화재 됐잖아. 강백천 할아버지한테 배워서.

배 그래갖고 동표 씨가 우리 농악을 치는데 새납을 불고 댕겼어. 젤로 앞에 댕김서 새납을. 그래가지고 단체생활을 하고 그러니까 여그서 부르고 저그서 부르고 여성농악단이 막 소문이 나부렀어. 근게 이를테면 하나의 영리 목적이 돼야 부렀어.

노 지금 같으면 아이돌이야, 아이돌. 갑자기 여성들로만 구성된 게 너무 예쁘고 한참 꽃다운 나이니까 이쁘고 아름답고. 남자들만 보다가 갑자기 꽃을 보니까 사람들이 너무 좋았던 거야. 지금 얘기하면은 막 걸그룹들. 인기가 있었지, 처음 보니까.

배 그러지. 뭐 말도 못했어. 그래가지고 인자 김제 진봉이라는 데를 공연을 들어갔어. 내가 인제 그때는 장구를 쳐갖고 들어갔는데, 진봉면에 한 대학생이 완전히 나한테 미쳐갖고 상사병이 난 거야. 그래갖고 거기서 끝나고 이리로 왔는디 즈그 아버지하고 이리로 왔더라고. 우리 하숙방에다가 눕혀놓고 나보고 그 방에 잠깐 들어가서 머리만 좀 만져주라고 그래. 병이 나갖고 죽을라고 그런다고. 그래갖고 나는 인제 그때는 철딱머리가 없어 노니까 열 몇 살밖에 안 돼 노니까 는 아, 뭐 때문에 남의 남자 머리를 만지라고 허냐고. 그 영감, 할아버지가 좀 만져만 주면 원이 없겄다고, 우리 아들 살리겄다고. 그래 갖고 들어가갖고 있은게 얼굴이 벌그레갖고 막 곧 죽을라고 허드라고. 그래서 이렇게 머리에다 손을 얹은게 나를

여성농악 동료들과 함께
(한 가운데의 인물이 배분순)

딱 끌어안아. 아이구 메! 그래갖고는 놀래갖고는, 아이고 뭐이다냐? 이게 참말로 웃기네. 왜 나를 들어가라고 허더니 총각이 나를 끌어 안는다냐 막 그랬더니, 웃어쌌고 막, 단장도 웃고 난리가 났드라고.

노 그때 단장이 누군디?

배 이환량씨라고 있었어. 체머리를 이렇게 흔들고, 여기 남원 역전 뒤에 살았어. 이환량 씨라고 유명했어. 아주 열렬하게 아주. 그래갖고 막 여기서 부르고 저기서 부르고 난리 법석이 나고 인기가 대단해 갖고는 막 돈을 벌고.

**내가 서울을 가버렸어.**
**박초월 씨한테 공부허로 간다고.**

노 근데 언니 그때 여성단체 해가지고 누가 쇠를 쳤어?

배 김선희, 김선희라고 전주 애여. 그 사람이 칠 때도 그 언니가 칠 때도 있었고, 또 주영숙이, 지금 저 여수 걔가 또 쇠를 한참 쳤고. 그때 주영숙이가 쇠를 쳤고이, 갑순이가 장구를 쳤어. 그런데 내가 같이 장구를 뒤에서 치다가 내가 서울을 가버렸어. 박초월 씨한테 공부 허로 간다고. 근게 내가 제일로 먼저 서울을 갔지, 낙원동에. 그래 갖고 거가서 인자 소리허고 있는데 그때만 해도 뭐가 뭔지도 몰랐는데 벽장을 연게 누렇게 대두병으로 정종병으로 하나가 있걸래 한 잔 따라 먹었더니 아이고, 꾸른내가 나가지고 그거 인자 똥물, 대나무에다 받혀가지고 인분, 그것을 먹고 있더라고. 나는 뭣도 모르고 그거 한잔을 따라 먹었더니 어떤 도둑년이 약을 이렇게 먹는가 모르겄다고, 내가 죄를 져갖고 똥 도독질 한번 했다가, 아이고 뒷방에서 숨어갖고 달달달달달달달.

노 언니도 희한하네. 왜 그걸 먹어? 아가씨가 돼갖고.

배 아니 그걸 먹으면 목이 좋아진다고 그러더라고. 국악하는 사람들은 다 그러지. 그걸 받아갖고 먹으면. 자기 똥을 하얀 삼베 베에다가 눠갖고 그놈을 막 꼬챙이로 깨갖고 물에다가 이렇게 짜갖고는 장광에다 갖다 넣어놨다가 먹으라고 글더라고. 그것도 다 먹어봤다. 인분, 이슬을 맞히면 뽀오옇더라고. 이슬을 맞힌게 부허더라고. 그걸 또 다 먹고. 아이고, 생강 갖다놓고 먹었지. 그 짓을 다 했어. 그렇게 욕심을 부리고 욕심도 많이 내고 그랬는데.

노 내가 들은 이야기는 대나무 있잖아. 대나무 마디가 있는 거를 공동변소에 넣어 노면은 그 사이로, 대나무 뚫고 그 안으로 수분이 차고 차고 해가지고 그게 3년이고 몇 년 딱 되면은 거기에 물이 차면 그거를 인제 나중에 꺼내서 씻어서 잘라가지고 그 물을 따라서 몇 년씩.

배 얼마나 애를 먹었겄어. 근디 그걸 내가 한잔 도독질 해묵었으니, 어떤 도둑년이 이걸 마셨는가 모르겄다고 난리가 나고, 빨리빨리 말하라고 하는데 말할 수가 있는가.

노 언니 아버지가 멋쟁이잖아, 재밌고.

배 그래갖고 그 뒤에 막 바람이 불어갖고는 농악단을 따라댕김서 막, 내가 장구 치면 막 "돌아간다!" 추접스러갖고 내가 얼매나 얼굴이 뜨겁고. "돈다!" 장구 치고 돌아가면 나보다 더 신이 나갖고 "돈다, 돌아." 해싸면.

노 내가 사실 언니 때문에 남원여성농악에 들어갈 뻔 했는데 춘향여성농악에 간 계기가 있잖아. 그니까 남원에 광한루에서 포장을 쳐놓고 그때 단체가 그 숙선 언니가 작은 왕자였고 김미정 언니가 태자였어.

글고 희숙 언니가 공주인데 뭔 신라복이었어. 그걸 보고 나야 말로 보고 뽕 갔지. 나도 그걸 보고 뽕 가버린 거야. 나도 개구멍을 뚫고 매일 갔어. 이 세상에서 저렇게 아름다운 게 있는가 싶고, 그 어린 나이에 그니까 새로운 세계를 본 거야. 그래서 '옳지, 나도 저기를 가서 저렇게 멋있게 막 해야 되겠다.' 그 생각을 인자 딱 마음을 먹고 엄마한테 내가 조른 거야. 몇날 며칠을 그러니까 울 엄마가 나보고 그래. "이년이 뭐 당골네 될라고 그러냐고?" 당골네가 뭔지도 몰라. 그것은 원래 대대로 당골네 집안이 그런 사람이나 허지 이렇게 아무 관계가 없으믄 안 한다는 거야. 근디 네가 뭐가 될라고 그런 걸 허냐고 그래서, "그런거 나하고 상관이 없고 나는 거기를 꼭 가야되겠다. 그니까 나를 좀 데꼬 가라고", 우리 엄마보고 얘기를 해달란게 울 엄마가 처음에는 말을 안 듣다가 내가 눈 뜨자마자 맨날 잉잉 조르니까 "내가 한번 알아보마." 그러더니 인자 언니를 만났는가 봐. 언니의 큰 언니를. 잘 지냈잖아, 우리 엄마하고.

우리 엄마가 "내가 이야기를 딱 했더니 내일 모레 그 사람이 농악단을 간단다. 가니까 너 데리고 가기로 했어. 내가 말을 했더니 너 데리고 간다고 그랬으니까 그날 가자." 그래서 그날 갔더니 인자 "계시오, 계시오?" 헌게 언니 엄마가 인자 나와. 그래서 "아니 이러고저러고 해서 오늘 딸이 뭐 어디 간담서요. 얘를 데리고 왔는디." 그랬드니 "예? 우리 딸은 어제 갔는디?" 근게 "아니, 오늘 데꼬 오라고 그랬는디?" 헌게 "아니여, 어제 갔어." 그 말 듣고 얼마나 내가 어린 마음에 실망을 했겄어, 세상에. 나는 마음이 들떠갖고 내일이면 내가 인자 막 단체를 가면, 그 왕자들 공주도 보고 인자 그런 데를 내가 가야되겠다고 생각을 했는디, 가서 보니까 먼저 가부렀네. 근데 왜 거짓말 하고 먼저 가부렀어?

배 왜냐 하면은 그때만 해도 너만 그런 게 아니고 나 꾀복쟁이 친구가 있어. 걔도 그거 공부를 배울라고, "나 좀 거기 좀 들여도라, 들여도라." 해서 내가 농악단을 댕기면서 본게 고생이 무진장이 된 거야. 막 여기 끝나면 또 딴 데 가서 사업부, 사업부장이 또 딴 데 가갖고 허가를 내야 되고 장소를 섭외해야 되고 그리쌌고 근디 또 손님이 없으면은 야 참비도 안 주지.

노 언니 때도 야참비가 있었대?

배 아 야참비 있었지. 얼마인지는 기억을 못 혀. 야참비 그런 것을 모다 갖고 뭐 안 사먹고 모아 놨다가 엄마 갖다 주고.

노 5원 10원 뭐 그랬잖아. 나 10원 할 땐가 그거 기억나는 거 같애. 삼양라면이 처음 나왔잖아. 그때 15원인가, 삼양라면이 15원인가 20원 했는디 야참비 모아놨다가 그거 사서 깨서 먹으면 참 맛있었네. 그런 기억이 나.

배 그래갖고 그 애도 거기를 들어올라고 해도 못 들어오게 허고, "그래 그래 알았어, 알았어. 너 들여주께 들여주께." 말로만 그래놓고는 안 들여준 거야, 내가. "한 며칠 있으면 네가 그리 오니라. 광한루 뒤에 소리 배우는 데 그리로 오니라." 해놓고 나는 마산으로 공연 가고.

노 아, 근게 나한테도 그랬구나, 언니가?

배 응, 하나라도 공부 못 허게, 그 고생 못 허게 할라고.

노 응, 그렇게 깊은 뜻이 있었는디.

배 느그 엄마가 우리 언니하고 친했잖아. 근디 왜 저렇게 딸을 갖다가 막 "분순아 분순아 우리 영숙이 좀 꼭 데꼬 가거라, 데꼬 가거라." "예, 알았어요." 말로만 내가. 근게 인제 내일 가면은 모레쯤 데려 오라고 혀. 그러고 나는 떠난게. 고것이 이제 내 습관여. 나 떠난 뒤에 오면 소용없다고.

노 그니까 세상에 가니까는 어제 가버렸다네. 얼마나 실망을 했겠어. 근데 지금 생각을 허면 언니가 그때 나를 데꼬 갔으면은 내가 남원 여성농악에 갔을 거야. 근데 언니가 나를 안 데꼬 가는 바람에 춘향 여성을 들어간 거야. 결과는 그렇게 된 거야. 결국은 내가 들어가긴 들어갔어.

배 나중에 본게로 거기 가서 돌아댕기더라고. 그거 허지 마라고 그렇게 헌 건디. 아이고 그래서 우리 언니보고 "아이, 성, 성. 세상에 그 언니 그 딸, 세상에 내가 안 데꼬 가고 그랬더니 저쪽 춘향단체에 가서 막 돌아댕기데." "아, 그려" 웃어 죽을라고 그러더라고, 우리 언니가. "아, 거기서 돌아댕기드냐?" 어떻게 우습던지. 그런 사건이 있었어. 그건 내가 보는 애들마동 못 배우게 했어. 내가 고생이 많으니까. 저녁으로도 그 추운디 부산 자갈치 시장에서 그 호롱불, 그 솜에다가 기름 묻혀 갖고. 전기나 들어왔어?

노 석유 묻혀갖고 막 뚝뚝 떨어지고, 기름이, 나도 그렇게 공연했어.

배 그런데 거기서 농악을 공연허고 그런디, '아이고 저걸 배와서 뭣해' 싶으고 막, 하나라도 말리고 싶고 나는 글더라고.

노 불 없는 데, 왜 촌에 가면은 불 안 들어오는 데, 그렇게 불을 밝히고 했잖아. 그 밑에 잘못 가면 옷 그냥 타고 그랬어.

배 그래갖고 아이고 그놈, 또 마찌마리라는 것이 있어. 차를 타고 꽹가리를 치고 장구를 치면서 온 동네를 돌아댕기는. 손이 깨질라고 그러고. 오라고 홍보하 거. 그래갖고 한 사람이라도 나는 못 배우게 할라고 그랬어. 못 배우게. 그래 지금도 여기 남원에 돌아댕긴디 개 가 "야, 그때 내가 배운다 할 때 네가 좀 들여줬으믄 내가 크게 명창 이 됐을 텐디" "아이, 지랄병은. 명창 되기가 그렇게 쉬운 줄 아냐? 나도 명창 못 됐다, 왜. 시끄럽다. 조용히 해라. 나 고생 덤배기로 했다. 너도 배왔으믄 얼마나 고생을 했겠냐. 내가 고맙다고 생각해라, 나를." 그러서 너도 내가 못 배우게 헌 거야.

**서울로 나를 델러 왔더라고. 돈을 한 가방을 갖고 왔어.**
**그래갖고 대구 공연을 갔었잖아.**

노 근데 언니가 끼가 있었고 또 무용하는 데도 참 그게. 무용은 몇 살 때부터 했어?

배 무용은 열일곱에 배웠지.

노 그 김계화 선생님한테?

배 응, 열일곱. 김계화씨 맞아. 김계화 씨가 이뻤지. 진짜 기생이야. 딱 옛날 말로 기생이야.

노 딱 스타일이 하늘하늘 해가지고 탁 이 버선발, 무용을 가르치는 거 보면 태가 자르르 해, 진짜. 그야말로 태가.

배 글자 그대로 딱 기생.

노 기생 모습 그대로야, 그냥. 누가 봐도 길가에서 보면 기생이네, 그게 표가 난다고.

배 그 사람한테 내가 살풀이 무용을 배왔어. 배우고 그러니까는 소고를 치고. 채상 안 돌리고 고깔. 처음에는 채상이라는 거는 없었어. 우리 전부 고깔 쓰고 했어.

노 처음에 근게 여성농악이 생겼을 때는 소고가 전부 고깔이었어.

배 어. 저녁이면 아조 꽃 맨드니라고.

노 강초운 씨는 언제?

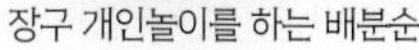
장구 개인놀이를 하는 배분순

살풀이를 추는 배분순

배 강초운 씨가 참 꽹가리 쳤어. 그 양반 꽹가리 많이 쳤어, 참. 참 소리 잘했지. 적벽가. 적벽가를 아조 뒤집어지게 헌 양반이 강초운 씨 야. 그래갖고 참 기가 멕히게.

노 할아버지도 같이 다녔어? 강백천 씨도?

배 같이 댕겼지.

노 강초운 씨가 상쇠 치고 댕겼구나. 그때 나금추 언니도 있었대? 금추 언니도 있었어? 그 단체에?

배 그때 없었어. 언젠가 느닷없이 나타나갖고 인제 징을 쳤어. 징, 그 뒤로 인자 징을 치다 꽹가리를 또 어떻게 배웠드라고. 그래갖고 상쇠를 허더라고.

노 언니가 그러면 고향이 어디야, 고향?

배 내 고향은 인제 남원 아영면 아곡.

노 그러면 언니 춘향여성농악은 안 들어가 봤어? 단체?

배 들어갔지. 언제 들어갔냐면 갑순이가 서울 떠난 뒤에.

노 남원여성농악하고 춘향단체가 생기게 되는 갈림길에서 언니가 어떻게 했어? 그때 어디 있었어, 갈릴 때?

배 갈릴 때 난 서울 있었지. 서울에 있는데 누가 글더라고. 갑순이 단체가, 춘향농악단이 생겼는데 김제인가 어디를 가니까 우리 남원여성농악 단체가 들어가니까 프로그램에 딱 그 포스터가 붙었는디 갑순이가 딱 붙었더라고. 그래갖고 나하고 갑순이하고 같이 붙여준 거야. 그래갖고 최석두 씨가 분순이가 나타났다고. 최석두 씨가 단체 단장이었지, 춘향.

그래갖고 갑순이가 어느 날 서울로 떠났다고 갑순이 엄마가 나를 찾아라 해갖고는 서울로 델러 왔더라고. 돈을 한 가방을 갖고 왔어. 그때만 해도 못 살 때니까 이를테면 돈을 케라를 얼마 많이 준다고 그래갖고 대구 공연을 갔었잖아. 대구 칠성 시장, 그 칠성동 그 깽변 냇가. 거기서도 강선화씨가 단장했었어. 그 양반이 단장을 해갖고 또 그 단체가 좀 돌아댕겼어. 근게 돈만 준다면 그냥 요리 가고 저리 가고 서로 빼가고, 그러고 다니는데도 막 딴 데서 데릴러 오고 막. 돈 싸들고 댕기면서 그런 난리도 없었어.

노 그니까 그때 당시는 완전 스타들이니까. 지금 쇼 단체의 말하자면 스타들이니까 돈만 주고, 저 사람을 빼와야 우리가. 그래가지고 남원 춘향여성이 생기고 나서 여기저기서 여성농악이 생기게 됐지. 아리랑이 생기고 전주 농악이.

배 그래갖고 이게 자꾸 퍼진 거야. 최초에는 남원여성농악단이 여성농악 제일 시초여.

**이렇게 기록에 남길라고 하니까 너무 고맙다.**
**네가 대단한 사람이야.**

노 그때가 좋았어, 언니?

배 아이구 좋았지, 좋았는데 그게 없어지고 보니까 한스러워. 야 너무 안 됐다. 만날 아쉬워서 맨날 정화 언니하고 만나면 "언니 그 멋있는 거 여성농악단이 없어지고 나니까 아이구, 저 멋대가리 없는 것들 와서 뛰어쌌고 허면은 참 나 같잖애서 보기도 싫소" 내가 그랬는디 니가 어찌 세상에 이런 걸 캐가지고 이렇게 기록에 남길라고 하니까 너무 고맙다. 너무 고맙고 그니까 네가 대단한 사람이야. 나는 깜짝 놀랬어. 참 고맙다야, 진짜.

노 정화 언니는 참 뭐를 했어, 단체에서?

배 수버꾸, 제일로 앞 버꾸, 남원여성농악에서 고깔 쓰고 수버꾸 했어.

노 아 그랬어. 나는 그 언니가 농악을 할 때는 내가 단체를 같이 안 다녔으니까. 그나저나 나는 인제 내가 항상 아쉬워서 내가 이걸 기록에 남겨야 되겠다, 내가 써야 되겠다 생각을 항상 갖고 있는데 우연한 기회에 하게 된 거야, 언니.

배 어찌 너는 그런 생각을 다 했어? 그 농악이 그렇게 없어지고 나니까 아쉽고 우리가 이제 죽으면은 이걸로 끝난다 싶으니까 아이구 기가 멕히드라고. 근디 네가 그런게 대단한 거여, 지금. 나는 아주 세상에 깜짝 놀래버렸어.

노 내가 감사하다니까, 이렇게 기회가 돼서. 언니들이 존재할 때, 내가 직접 가서, 다른 사람도 아니고 나도 했잖아 언니. 그런게 직접 다 내가 녹음하고 자료 모집하고 직접 하니까 더 실감을 하는 거야. 만약에 대학 교수나 어떤 사람이 자료 모집한다고 하면 또 이렇게 대화도 안 되고 또 실지로 실감도 안 나고. 근데 내가 하면 호응도 해주고 나도 감사한 거야.

배 네가 했기 땜에 겪었기 땜에 호응이 된 거야. 잘 한 거야.

노 감사해, 언니도. 배분순 언니 감사합니다. 다음에 또 취재할 때 언니가 또 얘기 좀 해줘. 생각나면 전화줘.

- 2차 구술 -

**그런 사연도 있다. 이 농악 치면서.**

노 언니 이 사진에 있는 점 이거 그린 거지?

배 점을 언니들이 그려줬지. 나 그게 지금도 안 잊혀져. 나를 좋아하는 애가 있었는데, 공연할 때 딱 앞에 와서 쪼그리고 앉아서 나만 쳐다보잖아. 나를 좋아하니까. 근데 점을 여기 밑에다 찍다가 나중에는 입술 위에다가 찍은 거야. 이 점이 이리 갔다가 저리 갔다가 그럼 어쩌냐고 언니들한테 그런게, "아이, 그 자식이 뭘 볼 줄이나 아냐?" 그러더라고. 영락없이 여기다가 찍어 놓은게 그 자식이 "어, 점이 이리 갔다, 저리 갔다 살았네!" 점이 살았다고. 하필 내가 점을 여기 다가 찍어놨더니 "어, 점이 살았네. 옴마, 우로 올라가버렸네." 어머, 전라도말로. 얼매나 무참한지 거기서 막 쌔리 문댔다니까. 근게 또 뭐라고 하는 줄 알어? 한 바퀴 돌면서 그걸 문대서 지우고 난게 "어, 인자 없어져버렸구만." 없어져버렸다고. 나를 좋아하는 애가 점을 건성으로 안 보고 그래. 그 점을 좋아했는갑서. 근디 점이 없은게 그 뒤로는 안 오드라고. 웃기지. 점이 원래 있는 건 줄 알았는갑서.

권 그럼 원래 아래턱에 있는 점을 보고 선생님을 좋아한 거예요?

배 어, 요거를 보고 좋아했는데 위로 올라가버리니까. 얄미워, 왜 그렇게 미워. 남의 약점을 건드리니까.

턱에 미인점을 찍은 여성농악 시절의 배분순

노 약점이 아니라 그 사람이 볼 때는 너무 웃기지. 여기 있던 점이 이쪽으로 갔으니.

배 그래도 나는 그때만 해도 그 사람이 싫더라고. 와서 봐주니까 좋다는 생각을 하고 있는데 내 점을 갖고 들먹이니까는 얼마나 무참할 거야. 나는 아가씨인데, 열대여섯 살 먹어갖고 얼매나 무참해. 얼굴이 홍당무가 됐지.

노 그 사람이 볼 때는 언니 얼굴만 보고 점이 어디가 있는 거를 알고 있는데 갑자기 점이 여기에서 이쪽으로 갔으니까 웃기는 일 아냐.

배 근게 왜 이 점을 하필이면 얘기를 해갖고, 이 사건이 크다고. 여러 놈을 울린 점이거든.

권 장구채 들고 찍은 사진에는 점이 없어요.

배 거기는 또 없어. 더 어리지, 그때는. 점 찍을 줄도 몰랐어. 요때는 바바리코트 입을 정도이니까 좀 까졌어.

노 한두 살 더 많은 거지.

배 연애편지가 오고 그러면은 단장님이 막 가로채버리고 못 읽어보게. 그런데 요때는 살짝 받아가지고 화장실 가서 얼른 보고 막 찢어서 변소에 다 넣고.

노 옛날에는 연애편지도 받으면 안 됐으니까.

배 연애편지 같은 걸 받으면은 난리 나버렸어. 그런게 얼른 받아갖고 그 냄새나는 화장실에서 읽는데 막, 구린내는 밑에서 올라오지, 그것은 읽어야 되겠지. 아이고 그래갖고 찢어갖고 거기다 버리고.

노 내가 언니를 만나면 배꼽을 잡아. 점이 토끼도 아니고 이리 갔다, 저리 갔다.

배 근게 그 점이 웃겨. 요것이 사연이 많은 거야.

권 사연이 있는 점인 줄 몰랐네요. 아, 재밌다.

배 사연이 있어. 그냥 찍은 것이 아니고.

권 점을 매력으로 그렇게.

배 응, 뺀으로 그랬는데.

노 가만히 보니까 그때 당시에 50 몇 년도 60 몇 년도에 마릴린 먼로가 점이 있었거든. 그니까 마릴린 먼로 흉을 내느라고 너도 나도 점을 찍는 게 유행이었어, 그때 상황이.

권 그래서 언니들이 찍어주셨구만요?

배 응, 언니들이. 인자 선배들이.

노 영화 보고 이런.

권 재밌어요. 그때 당시에 멋 내는 거는 다 하셨어요. 지금도 지드래곤이라고 유명한 아이돌은 눈 밑에다가 점 찍잖아요. 일부러 찍어요, 화장으로. 근데 그 선배님들이시고만요. 선두주자들.

배 그래갖고 부여에 사는 A씨야. A씨인데, 부여에서 공연을 하는데 그때가 대학생들 방학 때라. 대학생인데 방학 때 와갖고 농악 구경을 들어와갖고는 나를 보고는 헤까닥 해가지고는 학교를 안 가버렸어. 학교를 안 가고 막 좋아하고 그랬는데 나보고 그래. 부여 시내에 세븐 미장원이라고 있어. "이 농악 치지 말고 세븐 미장원에 와서 미용을 배워갖고 미용사를 하라고." 그래갖고는 그 사람 말을 듣고 세븐 미용실에 가 안 있었냐. 농악단에서 도망을 가갖고. 그랬더니 칠선옥에서 갑순이 수양어머니, 그때는 수양어머니가 막 찾아왔더라고. "갑순이도 서울로 가고 없고 그런게로 니가 와야겄다. 도저히 안 되겄다." 그래갖고는 인자 갑순이 즈그 엄마하고 농악을 치러 대구로 어디로 다니고 있는데, 거기다가 편지가 하고 싶더라고.

권 세븐 미용실에다가?

배 아니, A씨한테다가. 그래서 내가 "A씨 지금도 잘 살고 계시죠?" 해서 편지를 보냈더니, 그 사람 동생이 국민학교 선생이여. 퇴근해서 들어오니까 마루에가 A씨라고 써진 봉투가 있는데, "이것은 영화 아니고서는 이룰 수 없는 일이다. 본인은 죽고 이 세상에 없는데."

노 어머, 자살했어? 언니 때문에?

배 자살해버렸어. 결혼 못하게 한게 삼대 독자 외아들인디 나를 만날라고 해도 즈그 엄마가 방에다 감금을 일주일씩 시키고. 이런 농악 치는 여자하고 지내면은, 기생밖에 안 되는데.

권 집안에서 반대를 했고만요?

배 응. 어디 기생하고 결혼을 할라고 그러느냐고 그래갖고 나 때문에 방에다 감금을 시켜갖고. 그때만 해도 내가 서울을 박초월 씨한테, 그때 종로 2가에 거기로 공부를 하러 간다고 하니까 요만한 화초를 하나 주면서 "이게 죽으면 내가 죽는 줄 알으라고" 그러더라고. 그래서 그것을 기껏 실어서 가져와갖고 본게 밑동가리가 폭 썩어가지고 없어. 그래서 이제 편지를 쓴 거야. '이상하다. 이거 미신인데 뭐 이런 일이 있나!' 이게 꽃이 죽으면 자기도 죽은 줄 알으라고 그러더니 이런 일도 있나 싶어서 편지를 했더니 영락없이 죽었네.

권 어머, 세상에! 어떡해.

배 그래갖고 인자 부여를 갔었어. 그때만 해도 논산에서 차를 타고 들어갔거든. 논산에서 부여를. 그래서 간게 그 사람 친구들이 막 어서 오라고. 물에서 귀신 건진다고 해갖고 건져갖고 산소를 해놨더라고.

노 물에 빠져 죽었구나?

배 응. 백마강. 부여 백마강.

노 아, 강에 빠져죽었고만.

배 백마강에 노 젓고 가갖고 유서 써놓고 "이 세상에서 배분순이하고 이루지 못한 사랑을 죽어서라도 해야 되겠다." 고 즈그 어매한테 딱 써놓고. 그래갖고 그 편지를 여동생이 나한테 보낸 거야. 편지하고 유서하고를.

노 옴마, 언니 놀랬겠다!

배 막 소름이 찌클여. 말인게 그러지, 지나간 일인게 그러지 소름이 쫙 찌클더라고. 그런 사연도 있다. 이 농악 치면서.

권 와, 영화다, 영화. 세상에!

노 옛날에는 좋아해도 순진해가지고 그랬지.

배 그리고 또 한 사람은 또 얼마나 웃기는가 몰라. 여기 아영 봉대에 사는

B씨야.

권 이름도 다 기억하고 계시네요.

배 안 잊어버리지. 나를 좋아했던 사람이니까.

노 언니네 옆 동네네. 아곡 옆 동네.

배 응, 아곡 옆 동네. 그니까는 막 좋아해갖고 결혼하자고. 즈그 부모들은 그런 거 배운 사람하고는 안 된다고 한게 한이 맺혀갖고는 얘가 어느 날 막 죽는다고 해쌌고 어쩌고 하더니. 나는 남원에서 학원에 갔다와갖고 점심을 먹고 있는데 뭣이 문 앞에 와갖고, 방송국 앞에 "나무아미타불 관세음보살!" 하면서 목탁을 똑똑똑 때리는데 이렇게 보니까 B씨야. "어매, 너 B가 아니냐? 너 왜 중이 됐어?" 그런게.

권 스님이 되어버렸어요? 못 살아!

배 응. "너 때문에, 너 때문에 그래!"

권 보란 듯이 나타났어요? 중이 되어갖고?

배 우리집인지는 몰랐는데, 시주 받으러 왔는디 우리집을 온 건지. 하필 우리집에를 와서 시주하라고 목탁을 치네.

노 이 언니가 이때 당시에 미인이었어. 이때의 미인형이야. 지금하고는 좀 다르지만 시대에 따라서 미인형이 다르잖아.

배 이쁘다고들 해쌌어.

권 김정화 선생님이 그 얘기 하시잖아요. "어디서 저렇게 이쁜 것이 있는가?" 했다고. 그 얘기를 하시더라고요.

배 땀을 막 부쩍부쩍 흘리고는 쫓아왔어. 근데 이렇게 나를 딱 제치더니 "어마, 분순아. 너냐? 어디서 저렇게 이쁜 것이 궁굴어 댕기는고 싶어서 내가 쫓아왔다. 나 순천도 못 가고 너 때문에." 역전에 와갖고.

권 맞아요. 역전에서 봤다고 그 얘기를 하시더라고요.

배 역전에 서 있는데, 누가 만나자고 해갖고 파라솔을 받고. 그때는 이뻤는가 봐. 미장원에서도 막 우르르 쫓아 나와. "어마, 배분순이 떴다. 배분순이 떴어." 배분순이 떴다고 막 "어마, 달 떴다!" 그래쌌고 그랬지.

3장

# 춘향여성농악단의 열두발상모 박복례

(1차)

| 구술자 | 박복례 (1945년생) |
| --- | --- |
| 조사자 | 노영숙 |
| 일시 | 2015년 7월 30일 |
| 장소 | 전북 남원시 쌍교동 박복례 자택 |

(2차)

| 구술자 | 박복례 (1945년생) |
| --- | --- |
| 조사자 | 노영숙, 권은영 |
| 일시 | 2016년 2월 13일 |
| 장소 | 남원시 쌍교동 박복례 자택 근처 식당과 커피숍에서 |

- 1차 구술 -

**춘향여성농악단, 고깔이 아니고 바로 상모를 돌렸어.**

노 그거부터 언니 얘기 좀 해줘? 춘향여성농악단 창단을 어떻게 했는지?

박 창단을 우리가 할 때는, 내가 알기로는 원래는 칠선옥에서 소리만 갈쳤어, 강도근씨가. 소리만 가르치고 있었는데 갑순이하고 성남 씨하고 인자 설장구를 서로 앞에 치겠다고 남원여성농악에서 그러니께 요쪽 인자 오갑순이 양엄마가.

노 그분 성함이 어떻게 돼? 강선화 씨라고 하기도 하고 금순인가 뭐?

박 강선화 씨가 맞아. 선화.

노 호적 이름이?

박 호적 이름은 나는 몰라. 강도근 씨 하고 친남매간이고. 강도근 씨 형제가 남자가 네 사람, 여자가 둘이.

노 강도근 선생님 위에 형님이 한분 계시고, 둘째가 강도근 선생님?

박 응, 셋째가 강해근 씨. 강해근 씨 지금 서울에 살아 있어. 막내가 우리 형부 강윤근 씨. 우리 형부가 제일 먼저 죽었지. 막내하고 큰형님하고 제일 먼저 가고 그 다음 인자 선생님이 가셨지. 우리 선생님 강도근 씨. 강해근 씨 그 양반 혼자 살아 계시지, 남자로서는. 인자 저그저 여동생으로서는 인자 강선화 씨 돌아가시고 또 동생이 하나 더 있어, 여동생이. 그 양반은 나도 몰라. 왜냐하믄 있다는 거만 알고. 근게 죽었는가 살았는가 그건 나는 확실히 모르겄고 한 번도 지금까지.

노 근게 남자가 넷이고 여자가 둘 뿐이고. 칠선옥 그분이 뭘 가르쳤어?

박 그 양반은 가야금 산조하고 병창 가르쳤고.

노 어떤 책에는 보니까 강순영 씨 그분이 가르쳤다라고 나와 있더라고.

오른쪽이 박복례. 채상소고 명인 정오동, 동료 이희숙과 함께 (이희숙 소장)

박 응. 왜냐믄은 저기 저 진주 그 양반이 이 양반한테 가르쳤거든.

노 아, 강순영씨가 칠선옥 엄마를 가르쳐가지고? 칠선옥 엄마가 양딸들을 가르치고, 그렇게 된 거야?

박 으응. 그렇게 됐어.

노 양딸이 넷이 있죠?

박 넷. 오갑순이 하고, 이희숙이 하고, 또 두 명 더 해서 너이.

노 그래 인자 우리가 단체를 만들자 칠선옥 엄마가 해가지고 인자 단체를 꾸리게 된 거죠?

박 그러지. 상쇠는 강초운씨.

노 그니까 그때 선생님들 모셔다가 이렇게 교육을 시켜서?

박 그렇지. 몇 달이 아니라 상당히 많이 했어.

노 그때 언니 들어간 거야? 언니는 처음에 뭐? 소고잽이?

박 응. 고깔이 아니고 바로 상모를 돌렸어.

노 그때 멤버들이 누구여?

박 상쇠에 강초운 씨, 부쇠 김금순 씨, 그 당시 끝쇠가 주영숙. 나금추 언니는 징 했어. 그 다음에 인자 설장구는 오갑순이 하고 부장구가 경자, 삼 장구가 안숙선이, 그 다음에 수버꾸가 나 박복례, 부버꾸, 가는 이름도 성도 모르겄다. 어디로 가버리고 없어. 사진에는 있는디, 이름도 성도 생각이 안 나고. 정정순이 소고였고 양명희, 하여튼 소고잽이는 아주 어렸어, 그때만 해도. 어렸기 때문에 나이가 다섯, 여섯은 넘었고 여섯, 일곱이나 됐을 거여.

노 그 꼬마둥이들 어떻게 돌리고 따라댕깄디야?

박 얼마나 잘 했다고. 오죽하면 그 구경하는 관객들이 "아가, 뭣을 먹고 그렇게 잘 허냐?" 한게 애들이 누가 가르치도 안 했는데 토끼 고기 먹어서 잘 뛴다네. 어찌야 옳아. 그려서 "워메 누가 가르치도 안 했는데 쟈들이 왜 저렇게 소리를 하느냐고?" 우리가 죽는다고 웃었어. 하도 귀엽게 예쁘게 뛰니까. 너무 너무 귀엽게 예쁘게 뛰니까.

노 아니 너무 앙증맞아. 소고 쓰고 앉아서 사진 찍은 거 보니까 너이 쪼로록 앉았는데, 옴마 진짜 빨캉 들고 안아주고 싶은 게.

박 그러지. 지금 시대 같으믄 진짜 많이 사진들 찍고 난리가 났을 것이다. 그때만 해도 이런 카메라가 없고, 우리 때는 그런 것이 없었잖아. 없은게 촬영 같은 거 일절 안 해놨지.

노 아, 언니가 한 역할이 뭐였죠? 처음에?

박 처음에 소고하고 열두발만 돌렸지. 징도 잠깐 쳤고. 나금추 언니가 나가버려서 내가 징을 쳤고. 그 언니가 그만 둔 바람에 내가 징을 치고 다녔지.

노 언니가 몇 년이나 했어요?

박 아이고, 몇 년인가도 몰라, 징그러서. 생각도 안 하고 그냥 진짜 하기 싫어서 내가 도망갔지. 도망가 버렸지. 지금같이 이렇게 선풍기라도 있었냐, 뭣이 있었냐. 뜨건 볕에 나가서 그것도 줄줄줄줄 흐르는 데다가 아이고, 낮공연 있을 때 미쳐버려. 낮에 공연만 하면 괜찮아. 마찌마리라고 그 시내 도는 거. 시내에서 할 때는 그래도 괜찮아. 시골 가봐. 저 건네 가 집 몇 가구 있고, 저 건네 가 집 몇 골. 고놈 쫓아댕기면서, 그게 제일, 거기서 지쳐버려, 거기서 나는 지쳐버렸어. 나만 지친게 아니라 다 거기서 지쳤어. 공연 할 때는 참 기가 멕히게 좋아. 환영 받고 좋은데, 그게 그냥 아침밥 먹으면 마찌마리 시간 될 때 까지 하고 와서 밥 먹고 인자 또 굿 허러 나가야 혀. 공연을 허로 나가야 되니 얼마나 지치겄어.

노 거기 들어간 계기는 어떻게 해서 들어갔어?

박 나는 인자 거기 칠선옥에서 농악대를 만드니까 단원을 모집하지. 칠선옥 강선화 씨 남동생이 우리 형부라 나는 사돈이지.

왼쪽부터 이희숙, 박복례
그리고 강도근 · 강선화의 조카 (이희숙 소장)

노 그 관계로 들어가게 됐고, 월급 받아본 적 있어?

박 월급이라고는, 그때 당시에 월급은 별로 없고 야참비, 야참비로 허고 인자 공연 싹 갔다 오면은 월급이 아니고 인자 싹 결산을 마쳐.

노 1년에 한 번씩인가 들어오잖아. 아니, 몇 달인가에 한번.

박 들와갖고 인자 결산을 마치고 인자 거기서 나머지 갖고 싹 나눠줘. 나눠주고 인자.

노 나놔줬어? 언니 돈 받았어? 나는 받아본 적이 없거든.

박 받았지. 나는 받았어. 왜 그랬냐면 공연하고 와서 거기 싹 하고 나면은 결산 마치고 줘. 다만 얼마씩이라도, 많은 돈은 아니었지만.

노 나는 야참비 외에는 받아본 적이 없어. 그니까 누가 내 옆에 누가 찾으러 온 사람도 없고 그니까 안 주는가봐.

박 우리는 받았어, 나는. 우리 때는 받았어. 받아갖고 그때 당시 옷도 사입고 나름대로 인자 멋들 낼 때 아녀, 인자. 조금 크니까. 옷도 사입고.

노 그니까 언니가 춘향여성농악단 창단한 최초의 멤버네?

박 그렇지. 갑순이하고 나하고.

노 그 이후는 다시 들어가서 공연한 적 없어?

박 한번 나가고는 다시는 안 들어가. 다시는 안 들어가고 다른 멤버들일 때 자꾸 채워 넣어서 하다가. 너도 인자 나중에 들어갔잖아. 하다가 인자 끝나고.

노 그니까 끝에 내가 마무리 해산될 때까지 있었거든. 부산에서 해체될 때까지, 춘향여성농악이. 하여튼 감사합니다. 질문이 있을 때 또 부탁 드려요.

- 2차 구술 -

**도저히 못 견디겠길래 꾀병을 앓아봤어.**
**그러면은 그날 공연을 안 시킬 줄 알고.**

박 뙤약볕에서 공연을 하면 진짜 말로 할 수가 없어. 지금은 차라도 타고 댕기지 걸어서 그 뙤약볕에 이 동네 저 동네 쪼깐한 여남은 동네 있으면 거기 쫓아가야 혀, 동네를 우리가. 분단장 하고 거기를 갔다 와야 혀. 동네마다 구석구석 가야된게 거기서 너무 지쳐버린 거야, 내가. 시외로 빠져갖고 인자 여수에서 공연을 하게 되었는디 하필 뙤약볕에 포장을 치고 공연을 시켰으니 다른 사람 어쩐가 몰라도 나는 못 견딘 거라, 막. 그래갖고는 도저히 못 견디겠길래 꾀병을 앓아봤어, 한번. 어린 마음에 꾀병을 앓았더니, 그러면은 그날 공연을 안 시킬 줄 알고. 그랬더니 전화를 했는가 어쩌는가 의사가 오더니 주사를 이만한 거를. 의

사가 와부렀어.

노 옛날에는 왕진을 오잖아.

박 와부렀으니 안 맞는다고 할 수도 없고 꼼짝 마라 하고 팔에다가 맞고 난게 정이 다 떨어져버리더라고. 너무 정이 떨어지니까 그래서 내가 이야기를 했지. 단장이 우리 사돈이었어. 여단장.

노 강금순 씨.

박 우리 사돈이었는데 사돈이라고 안 하고 무조건 단장이라고만 했지. 그때 어린디 뭔 사돈 찾고 뭐 찾고 하는 것도 없어. 갑순이 양엄마지, 그 양반이. 그래서 그 양반한테 얘기를 했어. "나 도저히 못 하겠는데 어쩌금 해야 돼요? 나 죽겄소." 내 성질대로 하다가는 내가 죽겄은게 나 좀 놔주시란게 광주, 화순까지만 공연을 마쳐주고 그만 두자고 그래. 광주에서 화순으로 들어가는 때가 있어. 거기까지만 마치고 그만 두라고. 거기까지만 마쳐주면 어쩌겄냐고 그래. 알았다고. 거기까지 갔제. 가서 공연을 허는디 그냥 하면은 얼른 안 보내주게 생겼어. 거기서부터 찡짜[1]를 놓은 거여, 내가. 뗑깡을 놓은 거여. 화순 적벽이라는 데가 이렇게 산이 좀 있고 냇물이 흐른디 그쪽 에다 포장을 쳐놓고 공연을 해.

노 원래 갱변에다가 포장을 쳐. 강변에다.

박 강변에다 치고 있는디 배도 없어, 거그는, 그때 당시는. 지금은 배 있을 거야, 아마, 관광지라. 거기를 적벽이라 하더구만. 거기서 갑순이랑 전부 사람들 오라고 이르꾸미를 하고 있는디 나는 소고니까 이르꾸미

---

1) "괜한 트집을 잡으며 덤비는 짓을 속되게 이르는 말"이란 뜻의 '찡짜'를 말한다.

는 잘 안 해. 내가 인자 가끔 가다가 맘이 내키면은, 그때 금추 언니가 처음에는 징을 했었어. 깽맥이가 아니고. 처음에는 징을 쳤기 때문에 징을 쳐달라면 거기 가서 쪼끔 쳐주고.

노 이르꾸미도 기회를 안 줘. 자기들이 다 쳐버리지. 소고는 잘 안 줘.

박 조금 쳐주고 그러다가 더운게 물 속으로 들어간다고 간 것이 농악복을 입고 들어갔어. 공연은 해야된디 인자 뗑깡은 놔야 되겄는디 할 것이 없은게, 거기서 또 다른 데로 데리고 가면 어쩌나 싶으니까.

노 언니 그때 다우다였지, 다우다? 손목하고 발목하고 막혀있지. 근게 얼마나 덥겄어. 손목에 고무줄로 해서 레이스처럼 달려갖고. 그 얼마나 더워 땡볕에. 공기도 안 통하고.

박 다우다. 농악복 입고 물속에 퐁당 들어가 버렸어. 그랬더니 누가 가서 단장한테 일렀는가봐. 우리 사돈한테. 사돈이 쫓아나와갖고 악을 써. 물속에서 빨리 나오라고. 옷이 버려 버린게. 불러제껴서 나왔어. 나온게 "어쩔라고 그러냐?" 고 혀. "나 다른 데 가서 또 데리고 가면 안된께 답변을 하라 이 말이여, 나는." 확답을 받고 나서 인자 알았다고 여기서만 하고 그만 한다고. 거기서 정순이하고 나하고 사진 찍은 거 있었다고. 마지막으로 화순에서, 정순이하고 나하고 많이 친했잖아. 그래서 둘이 사진 하나 찍자 해서 둘이서만 사진을 찍었어.

**열두발은 정오동 선생님 흉 보다가 내가 배우게 된 것이고.**
**소고를 그때 여덟 명이 배웠어.**

노 언니가 단체 떠날 때 나이가 열여섯, 일곱?

박 아니, 열다섯 살인가 돼서 떠버렸어. 열다섯 살인가 되었을 거여. 도저히 못 이긴 거라, 내가. 그리고 인자 열두발 그놈이 쇠.

노 엽전, 엽전.

박 엽전 같으면 좋기나 좋으라고. 자전차 바퀴. 살 아니고 자전차 돌아가는 바퀴에 체인.

노 체인 있잖아. 그게 빠지면 바퀴가 안 돌아가잖아. 그랬구나. 우리 때는 이게 엽전이었거든.

박 체인 그놈 갖고 해줬으니. 열두발도 배우고 싶어서 배운 게 아녀. 내가 방정 떨어갖고 그런 거여. 비가 오면 공연을 못 하잖아. 야외공연이라서 못 하니까 전부 어른들은 피곤한게 자. 여관에서 전부 방에서 자는디 우리들은 어린게 잠이 안 오잖아. 심심하고 그런게 어른들 안 보는 데서 우리 선생님 흉을 좀 봐야 되는 거라. 숭을 볼라고 선생님 열두발을 돌라갖고 와갖고 살째기 갖고와서 그놈을 쓰고 이놈을 돌리고 선생님 숭을 낸게, 선생님이 그때 나이가 잡솨갖고 얼굴에 주름살이 많은 데다가 이놈을 쓰고 돌리면은 이것을 잡아챌 때, 일사를 칠 때 얼굴이 이렇게 된 거라.

노 찌그러지지.

박 찌그러져. 그 흉내를 내고 있는 거라, 내가, 마당에서. 거기가 다른 데보다 유달리 여관이 마당이 컸어. 우리 단원들은 쭉 마루에 앉아있지, 잠들 안 자고. 앉아서 나 하는 거를 보고 깔깔깔깔 웃어댄게 어른들이 잠 잘 수가 없잖아. 철때기 없이 웃어제끼니. 그때만 해도 솔방울만 궁굴러 가도 우스울 땐디 깔깔깔깔 웃은게 선생님이 문을 열고 봤던가봐. 문을 열고 본게 내가 그러고 있은게 '저거 가르치면 되겠다.' 했던가봐. 그 이튿날 딱 잡고 가르치는 거야. 흉내 내는 것을 보고. 안 한다고 해도 가르치기로 작정을 한게 살살 꼬시고 "잘 한게 한번만 해보자, 한번만 해보자." 달래갖고 그걸 시키는 거라. 그거를 꼭 배우라고는 않고 내가 안 할라고 자꾸 뻗대기질을 해싸. 뻗대기질을 하는데 "한번만 해보자. 되는가 안 되는가만 보자." 고 하면서 자꾸 가르친 것이 영락없이 삼일 된게 싹 하거든. 삼일 된게 싹 하니까 그때부터 바로 그냥 집어넣어버린 거야, 프로그램에. 프로그램에다 열두발 딱 집어넣고 하라고 하니 환장하겄지. 그걸 안 하면 돈도 못 받고 공연을 못 나간단게 울며 겨자 먹기 식으로 어쩔 수 없이 허는디.

권 케라는 좀 올랐어요? 열두발 하면서?

박 그런 것은 없어. 케라도 오른 것도 없고. 근디 내가 그거를 안 하면은 우리 단체가 돈을 못 받는다고 해. 내가 싹 빠져버리면 안된께. 하기는 하는디 인자, 바람이 안 불 때는 잘 돌려. 바람 안 불 때는 잘 돌리는디, 바람만 불면 허리에가 작신 감겨가지고. 여자이기 때문에 기운이 딸리잖아. 딸리니까 바람이 불면 종이가 몸에 와서 감어져 갖고. 그런게 이런 거 저런 거 겪기 싫은 거야. 나는 겪기 싫어.

그러고 나는 농악대를 할라고 해서 한 것도 아니고. 갑순이랑 모다 그때는 집집마다 농악을 치고 댕기던 때였거든. 음력 정월 요때쯤 되면 집집마다 치고 댕겨. 그때 그렇게 색동저고리에 남색 조끼 입고 오동색 바지를 입었는데, 그렇게 좋게 보이더라고. 그렇게 농악을 치고 다니는데 내 눈에 그렇게 이쁘고 좋아 보여. 좋아 보여갖고 그래서 내가 그걸 뛰어든 거야. 그래갖고 농악도 다니게 되고 소리도 배우게 되고.

농악은 치고 댕기면서도 소리는 안 배웠었어. 우리 강도근 선생님이 부르더라고. 불러서 하루는. 그러니까 강 선생님도 지금 생각하면 참 수고 많이 했어, 나 때문에. 사돈 되거든 나하고. 부르더니 "복례 이리

와보지." 그래서 "왜요?" 저그 뭐냐, "다 농부가를 부르는데 수버꾸가 농부가를 안 부르면 쓰겄어? 보기가 싫은데 농부가 몇 마디만 불러. 가르쳐 주께 해봐." "그건 안 할라요. 나 소리는 안 배울 거요." 그랬더니 그래도 안된께 하라고 그래. "그럼, 해봅시다." 달래면 잘해, 맘이 약해갖고. 그래갖고 인자 또 농부가 가르쳐준게 영락없이 농부가 받아서 또 했지. 그 뒤로 인자 이 양반이 소리도 가르치기로 작정을 하고. 그런게 그 양반은 나 소리 가르치면서 참 고생 많이 하셨어. 왜냐하면 꼴통을 지겨싸서. 하면서도 내 비위가 틀어지면, 선생님이 못 이긴 거라, 나를. 아 근게 선생님 식사하러 가시면은, 텃밭이 큰놈이 있는데 배추를 뽑아버리고 없어. 우리 학원에, 동충동에 학원이 있었는데.

권 국악원?

박 국악원이 있었는데. 그러면 가만히 얌전히 선생님 오실 때까지 밥 먹고 기다려야는디 그걸 못 기다린 거야. "야, 우리 줄넘기 하자. 고무줄 하자." 하고 인자 텃밭으로 싹 끌고 나가. 하나 둘 나오다 보면 싹 다 나가. 선생님 식사 하시고 딱 와서 본께 하나라도 연습하고 있으면 좋을 거인디 하하 호호 하고 바깥에서 난리가 났어. 텃밭에서 그 난리를 친게 불러서 주동자가 누구냐고.

노 박복례가 주동자여.

권 아까 소고 열두발 가르쳐주신 선생님은 성함이 어떻게 되세요?

박 정오동 씨인가 그랬을 거여, 그 양반이. 정오동 씨여. 유명했어, 그 때. 우리 어렸을 때도 유명했어.

권 그분이 남원 분이신가요?

박 아니여. 정읍서 오셨어. 장구 선생하고 그 양반은 정읍에서 같이.

노 장구 선생은 누구? 전사섭 씨?

박 응, 전사섭 씨. 두 분이서 같이 왔어. 정읍에서 오셔갖고 거기서 소고를 배웠지. 열두발은 나중에 배운 거이고. 선생님 숭 보다가 내가 배우게 된 것이고. 소고를 그때 여덟 명이 배웠어. 여덟 명이서 배웠는데.

권 처음 배우신 거네요. 여자들이.

박 처음 가르친 거지. 처음 소고를 가르칠 땐디 전립을 쓰고. 다른 데는 수건을 쓰고 농악을 치는데 우리는 전립, 상모, 채상을 쓰고 인자 그거를 가르친 거야. 근게 여덟 명이서 그걸 배웠어.

노 그러니까 언니들이 처음으로 상모를 쓴 거야.

박 처음으로 썼지, 여자로서.

권 선생님 그때 함께 배우신 여덟 명이 누구누구인지 기억하셔요?

박 하나만 잘 모르겠고, 집에 가면 사진에 있어.

권 처음 배우신 분들. 지금 남원국악원에서 배우신 거죠?

박 아니, 나는 남원국악원 단체는 가보지를 않았고, 칠선옥에서 배운 거지. 칠선옥이 인자 우리 사돈 되는 데다가 갑순이가 칠선옥 양딸이었잖아.

노 단체를 만들면서 선생님 초빙해서 다 가르친 거 같애.

박 우리 사돈이 춘향농악대를 만든 거여. 그래갖고 선생들 정읍에서 모시고 와갖고 거기서 인제 배웠어. 소고만 여덟 명인데, 그 중에서 리더가 내가, 수버꾸가 되었지. 아까 이름 잊어버렸다는 물 건너 살았다는 개, 그 애가 내 뒤에 섰었거든.[2)]

권 그때 안숙선 선생님은 버꾸 아니었어요?

---

2) 나중에 부버꾸의 이름이 최숙자임을 기억해냈다.

박 버꾸 아녀. 장구. 숙선이는 바로 장구로 갔지.

노 여자로서 채상을 최초로 썼고 최초로 열두발을 돌렸고 그게 박복례 씨다, 이 말 아냐? 다른 데에서는 고깔이나 수건 쓰고.

박 수건 쓰고 꽃을 달아서 그렇게 했는데 유달리 우리만 채상을 쓰고 시작을 한 거이지.

춘향여성농악단 단장 강선화(왼쪽)와 박복례의 언니(오른쪽)

**강백천 할아버지 집에서 내가 셋방살이를 해. 줄 가르치는 거를 다 보지.**

권 사돈이라고 하시면 강선화 선생님 남동생 그분하고 언니가 결혼을 하신 거예요?

박 응, 우리 언니가. 우리 형부지, 그러니까. 그 양반 막둥이 동생이 우리 형부. 강윤근. 나는 뭐 누가 뽑고 어쩌고 한 것이 아니라 내 스스로 그냥.

권 피리도 배우셨다고 들은 거 같아요.

박 피리는 배웠는데 우리 강도근 선생님이 죽어도 못 배우게 해. 왜냐하면 내가 몸이 그때만 해도 말랐어, 키만 크고.

권 근데 열두발을 하셨어요?

박 그러니께 그걸 못 이기지. 그런데다 대고 피리까지 하면은 소리도 못하게 된다고 못 하게 했어. 좌우지간에 못하게 했어.

노 옛날 분들은 이 피리 목을 쓰고 다른 음을 내면 창 음이 안 나온다고 못 하게 하는 거지.

권 제가 듣기로 남자들은 악기를 많이 가르치는데 여자들은 악기보다는 소리를 가르칠라고 했다면서요? 그런게 있어요?

박 얼른 말해서, 남자는 가르쳐 놨자 그때에는 돈벌이를 할 데가 없어. 소리를 가르쳐 놔도 별로 돈벌이 할 데가 없었어. 너무나 이 국악을 무시를 할 때거든. 우리 배울 때만 해도, 완전히 바닥 밑에다 깔아 봤잖아. 무당이니, 당골네니 이래 가면서. 남자들이 안 배우지. 그중에 미쳐갖고 인자 그래도 좋아서 배운 사람들이 몇몇이 있고. 정순이네 오빠, 그 사람이 포장 치고 따라댕겨.

노 점식이 오빠?

박 응. 농악을 좋아했어.

노 포장 치고 댕기고 포장 뜯으면 같이 일 하고 그랬어.

권 정점식. 정총무님 아드님?

노 응. 점식이 오빠.

박 그 지경을 하고 자기가 따라댕겨. 자기가 좋아한게. 어느 날 본게 배워갖고 상모를 돌리고 잘 하더라고. '워낙 좋아한게 어깨 너머로 배워버렸구나.' 내가 그랬지.

노 잘 했어. 야물딱지게 잘 했어. 나 하고 같이 다닐 때 했어. 그 오빠가 수버꾸 치고. 수버꾸 할 때도 있고 중간에 남자니까 개인놀이 할 때 나와서, 개인놀이 할 때만 나와. 그 오빠가 열두발 하고.

박 내가 활동할 당시에는 감히 우리 축에 못 들어와. 들어오들 못하고 짐꾼마냥 포장 같이 치고 뜯고.

노 우리 단체 다닐 때도 일꾼이야. 근데 농악 할 때는 중간에 나와서 열두발 하고 소고 개인놀이 하고.

권 그분이 박 선생님보다 나이가 많아요?

박 아니, 동갑일걸.

권 선생님 몇 년 생이세요?

박 45년생. 닭띠.

노 근데 왜 벌써 죽었지? 지금 몇 년 됐어, 언니. 한번은 광한루 근처에서 봤어, 차타고 가다가. 자전거 타고 가더라고.

권 그분은 남원에 계속 계셨어요?

박 응, 계속 있었어.

노 언니 해천 아저씨, 손해천 아저씨 알지? 남원농악에 손해천 씨 알죠? 장구 잘 쳤어. 근데 그 아저씨도 짐꾼처럼 따라다녔어. 농악은 안 치고 우리 단체에, 그 사진에 있지.

권 농악 그만 두시고 다른 거는 안 배우셨어요? 농악이 지겨우셨던 거잖아요?

박 농악에 지쳐서 뭘 배울라고 했겄어. 안 배우지.

권 「공도난이公道難離」하고 뭐 배우셨다고. 강도근 선생님한테 배우신 거예요?

박 「공도난이」하고 「왔단 말」, 두 개를 김영운 선생님한테 배웠어. 김 선생님이 "그 옆에 사는 양반 애기 좀 봐주면 내가 갈켜 주께" 해갖고. 그 양반 이름이 춘희인디. 성씨는 모르겄고. 애기가 둘 있는데 밤에는 돈벌러 나가야 되는디 애기를 맡길 데가 없은게 나한테 맡겨놓고. 그러고 배우다가 우리 언니한테 붙잡혀 왔지. 거기 가 있다는 걸 알고 우리 언니가 잡으러 와갖고. 그때는 단체 다니기 전에. 어렸을 때 농악에 미쳐갖고 그랬다니까, 농악에. 농악대를 보고.

노 이 동네 사니까 가깝잖아. 치면은 소리가 들려.

권 춤을 따로 배우시지는 않았어요?

박 농악대에서 바로 가르쳤어요. 굿거리장단 나오면은 소고 들고 추는 거. 우리는 다른 데서 배운 건 없고 정오동 선생님이 바로 가르치면서 인자, 굿거리장단이 나오게 되거든. 그러면 맞춰서 추게 되고. 같이 똑같아, 춤이. 왜냐면 앉게 되더라도 내가 신호를 해서 같이 앉고 돌아도 신호를 내가 해갖고 여덟 명이서 같이 돌아야 되고. 자반뒤지기라고 있어, 자반뒤지기. 자반뒤지기 할 때도 딱 내가 고개로 신호 딱 보내면 같이 돌아가야 되고. 춤을 추더라도 가만히 서서 춤만 추는 게 아니라 돌기도 하고 앉기도 하잖아. 그러면 신호는 내가 줘야 돼. 그래야 똑같이 앉고 내리고 그것을 해야 되니까.

권 그것은 판굿할 때 그러시는 거죠?

박 그렇지.

노 그것은 상쇠가 그렇게 하라고 지시를 해?

박 그러지. 상쇠 소리가 벌써 달라. 눈짓으로는 신호를 다 못 받은게. 가락으로 하면 내가 딱 고개 돌려주면 애들은 똑같이 나가지.

권 그때 상쇠가 강초운 선생님?

박 그러지. 강초운 씨하고 부쇠가 김금순이, 끝쇠가 주영숙이. 장구는 오갑순이, 경자, 숙선이가 끝장구. 징은 그때 나금추 언니 혼자 쳤어. 소고가 여덟. 대회 나갔을 때는 바라가 김영희.

권 바라가 따로 있었어요?

박 있었지, 처음에. 바라춤 출 때.

권 농악할 때도 같이 해요?

박 같이 하지. 같이 했는디 걔가 그만둔다고 해갖고 바라는 없애불더만.

노 남성 농악에서 유래해서 들어왔기 때문에 처음에는 그대로 하려고 했나봐. 남성 농악에는 중도 있고 총 가진 사람도 있고. 그걸 그대로 했는데 없으니까 안 한 거지.

박 우리가 댕길 때는 줄을 안 탔어. 나 댕길 때만 해도 줄이 없었어. 나 있을 때는 소고만 했었고 줄을 안 탔어. 근디 어느 날 본게 줄을 가르치고 있더라고, 강백천 할아버지가.

노 할아버지가 줄도 탈 줄을 모르는디 가르쳐.

박 모르는디 가르쳐.

노 창도 못 하거든. 근데 기가 멕히게 가르쳐. 절대음감인가 봐. 강백천 씨가 절대음감이 있나봐.

박 내가 줄 가르치는 것을 봤는디, 제일 처음에는 땅에서 요렇게 가깝게 줄을 매. 문턱 높이만큼이나.

권 한 10센티 높이나 되겄네요.

박 그걸 타고 왔다갔다 하게끄름 만들아. 그러고 조금 더 타면 자꾸 올라가, 줄이. 조금 단련이 되면 자꾸 올라가. 그렇게 가르치는 걸 봤어. 할아버지가 갈켰어. 그걸 내가 봤다니까. 한 집에서 살면서. 왜냐면 강백천 씨하고 손녀딸하고 이 안채에서 살아. 그럼 나는 사랑채에서 살아. 근게 공부하는 거를 싹 보지.

노 남원국악원 역전 가까운 데 거기서 본 거야?

박 거기 부근 쪽에서. 방송국 앞에. 거기서 그렇게 가르쳤어. 학원은 동충동에 있고 강백천 선생님은 가정집에서 살지. 이 양반 집에서 내가 셋방살이를 해. 어렸을 때 이 양반 셋방에서 내가 살아. 줄 가르치는 거를 다 보지.

권 그때 손녀가 몇 살이나 됐는데 가르치신 거예요?

박 몰라. 몇 살까지는 몰라도 좌우지간에 어렸어. 국민학교 이쪽 저쪽 다닐 땐디 어렸어. 그러니까 하는 말이 있어. 농악대 치고 다니면 하도 애들이 이쁘고 쪼깐해갖고 뻥뻥뻥뻥 돌아가면 할매들이 "아가, 뭣 먹고 배왔냐?" 하면 서슴없이 한단 말이 "토끼고기 먹고 배웠어요." 느닷없는 소리지. 아 서슴없이 나오더라고. 기가 멕히게.

## 무대로 올라가기는 갔는디,
## 강도근 선생님 얼굴을 본게 웃음이 터져서 '야 이놈' 소리가 안 나온 거야

박 우리 때만 해도 어리기 때문에 말똥만 둥굴어 가도 웃는다고. 우리 선생님이, 느닷없이 마당쇠가 못 나오게 됐어. 마당쇠가 못 나오게 된게 나를 갖다가 금방 가르쳐서 내놨으니. 대사는 싹 다 알지. 하도 들어싸니까. 대사는 다 아는 거라. 아 그 중에 뽑은 것이 하필 강도근 선생님이 나를 뽑았네. "아이고 선생님한테 어떻게 야자를 해요? 못 해요, 나는."

권 마당쇠막.

박 선생님이 놀부를 하고 내가 마당쇠인디, 선생님한테 나는 절대 그거 못 헌게 나는 안 한다고 퍼졌는디. 강초운 씨가 아파갖고 못 나온 거야. 원래 강초운 씨가 했는데. 아파갖고 못 나온디 어쩌겄냐고. 그런게 어쩔 수 없이 하래. 하는 것까지는 좋은데 내가 자신이 없어. 나는 못하는 것은 그때도 쬐깐해도 분명히 했어, 희한하게. 아닌 건 아닌 거라. "선생님한테 내가 어떻게 '해라'를 하요? 안 해요." 사돈에다 선생님이고 어른이고. 그런디 내가 그걸 어떻게 하냐고, 안 한다고 한께. 안 하면 우리가 보따리를 싸야된께 어쩔 거냐 이 말여. 이 단원들 다 데리고 어쩔라냐고. 그 소리를 들은게 안 할 수도 없고.

참 어쩔 수 없이 무대로 올라가기는 갔는디. 아니나 달라, 웃음이 딱 터져버리는디. 하도 웃은게 선생님이 조가 미워라고. 선생님 하고 주고받고 대사를 해야 되는데. "야 이놈아, 그것이 아니여!" 그러면 나도 따라서 "야 이놈아, 그것이 아니여!" 이렇게 받아치기를 해야된디 선생님 얼굴을 본게 웃음이 터져서 야 이놈 소리가 안 나온 거야, 내 입에서. 하기는 해야 되는디 웃음만 나와 죽겄어. 마이크는 여기가 있고. 근게 조가 미운게 놀부 담뱃대를 갖고 여기다 딱 기대갖고 해논게 더 우습지, 나는 인자. 그래서 얼른 담뱃대를 빼어 갖고 던져버리고. 하여튼 그날은 허든 안 허든 선생님 잘못여, 내 잘못 아니다 이 말여. 내가 생각할 때는. 내가 하자는 것도 아니고 한게. 좌우지간에 대충대충 하고 넘어갔어. 그 자리만 빠져불면은 선생님하고 웃길 일이 없어. 마당 쓸러 댕길 때 빗지락으로 때릴 때 외에. 근데 선생님은 안 때리고.

그래놓고 난게 나중에는 선생님이 쏙 빠져불고 강초운 씨를 놀부를 시키고 나를 마당쇠를 딱, 그렇게 딱 밀어 넣어 버린 거야. 선생님이 쏙 빠져불고 나하고 강초운 씨한테 싹 맽겨놔. 강초운 씨가 나한테 많이 맞았어, 빗지락으로.

권 연극 다른 것도 하셨어요?

박 심청전에서는 황봉사 역할. 그거는 잠깐 했어. 지금 대사 생각 하나도 안 나.

권 그럼 마당쇠막은 대사 기억나세요?

박 마당쇠는 대충 다 알지. 왜냐면 마당쇠는 쉬운 것이 선생님이 해주니까. 앞에서 먼저 한 놈 따라만 하니까. 따라만 하면 마당쇠는 하게 되어 있어. 연극은 짤막한 거. 농악을 쳐야 된게. 농악이 우선이니까 연극은 잠깐. 그놈 하다가 인자 또 이도령 시켜갖고 사랑가도 한 대목 잠깐

하고, 짤막짤막하니 해. 간단간단하게 하지 길게는 없어. 나중에 가서 인자 옛날 신라극 짜갖고 그건 좀 길었는가 몰라도 우리 할 때만 해도 잠깐씩. 근게 마당쇠 역할도 할라고 해서 한 것이 아니라 그 양반이 아파갖고 빠지는 바람에 어쩔 수 없이, 그건 진짜 울며 겨자 먹기로 선생님이 날 갖다가 집어 넣어갖고 얼마나 그날 웃었던지.

권 그 다음에는 안 웃으셨어요?

박 그 다음에는 별로 안 웃기더만. 한번 길이 나놓은께 선생님하고 해도 괜찮애. 처음에는 어찌 그리 우습던지.

권 진땀 났을 거 같애요, 무대에서.

박 진땀도 나고, 하기는 해야 쓰겄는디 웃음은 나와갖고. 내가 방송국에도 우리 선생님 갈 때 따라갔지. 두어 번 따라갔어.

노 남원에서 출연할 때, 라디오 방송이야. 방송이라 해봐야.

권 무슨 역할을 하셨어요?

박 그때 여럿이 했어. 나 혼자 한 거 아니여. 잡가 했을 거야 아마. 우리 선생님이 데리고 가서 잡가 시켰을 거여. 몇 번 갔어.

권 선생님 그때 20살 넘었을 때에요?

박 그지. 그때는.

권 춘향제 때 춘향 사당에 제사 지내잖아요? 그거는 가셨어요?

박 그거는 안 갔어. 지금까지도 안 갔어.

노 나는 갔어. 양해준 씨 때. 지금은 국악학교가 있으니까 애네들 시키지만 그때는 국악인 밖에 없어, 시킬 사람이. 일반 사람은 누가 오지도 않고. 그니까 국악원 사람밖에 시킬 사람이 없잖아. 뻑하면 시키는 거야, 우리를.

권 지금은 국악정보고등학교 학생들이 하는데.

춘향여성농악단의 김순애, 이희숙, 박복례 (왼쪽부터)

노 지금은 걔네들이 하지만 우리 때는 그런 학교도 없었고 일반인들은 또 안 하잖아. 그러니까 빽하면 우리만 부려 먹고.

박 그때 당시는 여기에서 춘향제를 한다고 하면서 걸어서 광한루까지 간 적이 없어. 밀려서 갔어. 떠밀려서 가고 떠밀려서 오고. 지금이야 사방 간 데 볼 것이 많지만 그때 당시는 그것밖에 없으니까.

**우리는 방방곡곡 구석구석 찔르고 댕겼지.**
**그때 당시에 명절 돌아오면 집에서 놀 새가 없어.**

권 아까 기사에 61년도에 덕수궁에서 삼천 명이 봤대잖아요, 농악을. 요새 누가 농악을 삼천 명씩 봐요.

박 그때 덕수궁에서 공연할 때 그때는 진짜 사람이 우리 쪼깐한 눈에 사람으로 크게 보이는 것이 아니라 잘잘한 개미 같더란 말여. 사람이 쬐깐해. 덕수궁에서 공연을 할 때 보면은 사람이 워낙 많아갖고 내 눈에 사람이 쬐깐해. 하도 빡빡하니 많아서. 그때 당시에 우리가 인기가 좋은 것이, 전국적으로 여자가 하는 데는 하나도 없는 거야. 우리뿐인 거야. 대한민국에서 여자가 농악 치는 거는 우리뿐이야. 그런께 인기가 엄청 좋지. 전부 남자들은 많어. 사방 데서 많이 나오는디 여자는 남원에 딱 하나뿐이여. 여자농악대는. 그래논게 인기도 좋고 예쁘고 돋보이고, 거기다가 일등까지 했겄다, 좋지. 얼른 말해서 우리 김 선생님 농악은 남원 밖에를 안 벗어난 농악이고 시내에서만 했지. 돈 벌러 우리맹이로 객지로 나간 것은 없어. 여기 남원국악원 농악은. 그냥 남원 안에서만 놀았지 우리맹이로 사방 방방곡곡을 댕기지는 않았어. 우리는 방방곡곡 구석구석 찔르고 댕겼지. 우리가 미쳐버리지. 그때 당시에 명절 돌아오면 집에서 놀 새가 없어. 더, 명절 돌아오면 더 못 쉬어, 우리가.

권 그럼 소고를 언제 딱 놓고 그 뒤로 안 하신 거예요?

박 그 뒤로 한번을 안 했어.

권 한번씩 하고 싶지 않으셨어요? 그렇게 활발하게 하시다가 안 하시면 답답하셨을 거 같아요.

박 그것이 없어. 답답할 거 없어. 너무 질려 버린게. 내가 오죽하면 농악대라고 소리가 나면 구경도 안 간 사람이랑게. 안 갔당게. 요새는 아는 사람 있으니까 인자 남원에서 가끔 한번씩 들여다보기나 하지 그 전에는 그렇게 치고 댕겨도 내다도 안 봤어.

권 세상에. 선생님 국악협회 회원 아니셔요?

박 기여.

권 다른 국악은 계속 하셨어요. 근데 농악이 싫으셨구나.

박 여기 와갖고 유명철 씨 그 양반이 농악대를 운영을 한게 한번씩 가봤지 안 그랬으면 가보지도 안 해. 유명철 씨가 한번 오라고 해서 놀러를 간께 한번 써보고 돌려보라고 하는디 안 돌아가. 안 돌아가, 이것이 안 돌아가.

권 안 돌아가도 몸으로 춤을 추셨던 거는 기억하실 거 같아요.

박 그런 거는 하지.

권 선생님 그럼 뭐 뭐 배우셨어요? 피리도 좀 배우시고 소리도 좀 배우시고?

박 피리는 며칠 배우다가 선생님한테 혼나고 못 배웠단께. 잠깐 배웠는디 누가 가서 일렀어. 복례 피리 배우러 댕긴다고. 그런께 불르더니 당장 그만두라고.

노 그래도 그때 언니가 좋았을 것여.

권 좋으셔요? 선생님 그때 기억이 좋은 기억이에요?

박 금 가만히 생각해보면 그때가 좋기는 좋았어. 좋았는디 그 당시에는 좋은 줄을 모르고 그랬지.

권 한창 꿈 많을 때, 열다섯 열여섯 살 때, 말똥만 굴러도 웃음 날 때 지겨우실 법도 해요.

박 아니, 정도껏만 치면 된디 숨을 못 쉬게 사방에서 데릴러 와. 그러니까 사람 미쳐불겄지, 그냥.

권 김수덕 선생님 얘기를 들으니까, 보루박꾸에다가 돈을 담다가 못해가지고 베가마니를 갖다가 발로 돈을 밟아가지고 집어넣었다고 그러더구만요. 도대체 어떻게 하면 돈을 베가마니에다가 발로 밟아가지고 집어넣는지, 낙엽 치우는 것도 아니고.

박 아 저녁 때 딱 공연 시작할 때가 되면 끄터리가 안 보여. 사람들이 많아가지고. 구경거리가 없잖아, 그때 당시에는. 지금은 텔레비전도 나오고 뭣도 나오고 라디오도 있고 하지만은 그때만 해도 밥이나 좀 먹고 살아야 라디오 한 대씩 갖고 있는 집이 있지, 뭐가 있어. 구경거리가 없지. 그런데다가 여자들이 예쁘장허니 화장까지 하고 옷 예쁘게 입고 헌게 진짜 꾸역꾸역 구석구석에서 다 온 거이지.

권 그때는 매점 같은 거 없었죠? 단체에서 매점도 운영 안하고?

박 없어. 매점이 어디가 있어.

노 한참 후에 생긴 거지.

박 매점도 없고, 매점 있다고 한 때가 겨우 서커스하고 같이 맞붙을 때가 있어, 서커스단하고. 같이 공연할 때가 있어. 그러면 인자 거기 매점 가서 좀 사먹고.

권 어디 행사 같은 데 진주예술제, 구례곡우제 이런 데 가면?

박 그런 데 가면 마주쳐, 서커스단하고. 마주치고 여수 같은 데 가면 마주치고. 오동도 그런 데서. 지금은 서커스가 없어져버려서 그러지 그때 당시에는 서커스를 자주 만나, 우리가.

노 그리고 서커스가 많았어. 지금은 동춘 하나뿐이지만 중앙서커스도 있었고 많았어.

박 서커스를 가면은 우리가 돈을 주고 들어간 거 아니야. "우리 춘향농악에서 왔소." 그러면 그냥 들여보내. 즈그들도 "우리 서커스에서 왔다." 고 하면 그냥 들여보내고. 우리끼리는 무료로 다 하는 거이지. 그러기 때문에 "우리 농악대에서 왔는디 좀 보면 안 돼요?" 그러면은 들어가라 고 그래. 우리는 비올 때 공연을 못 하잖아, 천장이 없으니까. 근데 그 사람들은 해.

노 서커스는 천장을 달아놓잖아.

권 거기는 그럼 광목으로 안 해요?

박 안 해. 갑바 같은 거 그런 거.

노 비가 안 맞게. 줄을 타니까 높은 데 줄을 타니까 천장을 하지.

박 그러니까 "우리 농악대에서 왔는디 좀 들어가면 안 돼요?" 쬐깐한 것들이 예쁘장한 것들이 여자들이 와서 그러는데 안 된다는 소리는 안 해. 들어가라고 하면 가서 구경 실컷 하고, 인자 저그들도 공연 일찍 끝난 애들이 인자 어찌금 생겼는가 싶어서 궁금해서 와. 즈그 쪽에 서도. 오면은 언제쯤 올 거냐고 물어봐. 언제쯤 올 거다면 우리가 문 앞에 서있지.

노 섰던지 매표소에 애기를 해놔. 올 거니까 들여보내 달라고.

권 그때도 기도가 있었어요?

노 그럼, 기도 없이 어떻게 표를 받아. 매표 따로 있고 기도가 있고.

박 돈 받아야 되고 표 받아야 되고 하니까.

노 기도는 힘 좀 쓰는 사람, 주먹깨나 쓸 줄 알고 말발 센 사람을 세워. 왜그냐면 껄렁껄렁한 것들이 와가지고 술이나 먹고 막 뗑깡 놓고 그러면 발깡 들어다가 갖다놔야 된게.

권 나이트클럽에서도 건장한 사람을 세우는 것처럼?

노 주먹도 쓸 줄 알고 건달기가 있는 사람. 비리비리한 사람 기도로 놔봤자 안 되지. 저쪽에서 껄렁껄렁한 놈이 와갖고 주먹 휘두르고 그러면 안 되니까.

권 그럼 이 단체 사람이 해요?

노 그러던지 아니면은 단체를 사간 그쪽에서 어깨들이, 우리가 '패깡' 이라고 깡패를 '패깡' 이라고 그러는데, 그런 사람들 중에 와서 있던지.

권 주최측에서?

박 주최측에서 많이 해. 자기들이 돈을 가져가야되니까.

노 우리들을 사왔잖아, 계약을 하고. 그러니까 즈네들이 어떤 목적으로 우리를 사갖고 왔기 때문에 즈네들이 다 봐야지.

박 공연 때 가서 우리가 이야기를 한 것이 "사람이 올 것이니까, 우리가 서커스를 공짜로 봤으니까 사람들이 오면 들여보내 달라." 고 이야기를 미리 해줘. 그럼 그 사람들도 같은 단체들인디 안 된다는 소리를 안 혀. 알았다고.

권 근데 여기는 광목만 빵빵 둘러쳤다고.

박 광목 이외에는 없어, 아무것도. 말뚝 박아놓고 광목만 빵 둘러치고. 하늘이 빵 뚫어졌어.

노 근게 비 오면 못해, 공연을. 근데 언제부턴가 남원 단체 말고 타 단체에서 위에 천막을 치기 시작했는데 우리 춘향여성농악은 천장이 없었어.

권 김수덕 선생님 얘기를 들으면 200평을 쳤다고.

노 말뚝 박아서, 측량해갖고 말뚝 딱 박아서. 천장 치는 것은 무대 천장하고 우리 분장실.

박 의상 갈아입는 데.

노 거기만 쳐놓지 밖에 농악하는 데는 천장 없어.

권 분장실 따로 만들고 무대 만들고.

박 그런께 우리 사 간 사람들이 구석구석에 다 서 있어. 왜냐하면 광목을 떠들고 들어온께 전부 지켜야 돼.

권 바깥에서요?

박 안에서도.

노 안에서도 지키고 밖에서도 지키고. 애들이 잘 뚫고 들어오잖아. 나도 광한루에서 많이 했거든. 나도 그리로 많이 들어갔어. 근데 다 끝날 때쯤 되면 그냥 오픈해놓고 보라고 그래. 그거라도 볼라고 환장해. 왜냐면 너무 아름다우니까.

권 한번 공연 나가시면 계속 다녀요, 아니면 들어왔다 나갔다가 그래요?

박 예를 들어서 여기서 운봉을 가. 운봉에서 끝나. 들어와. 들어왔다가 또 이삼일도 쉬도 않았는데 또 어디서 데릴러 와. 또 가. 그러면 거기 가서 오일이고 삼일이고 또 혀. 또 들어와. 그러니까 들어왔다 나갔다, 들어왔다 나갔다 혀, 단체가. 계속 이렇게 막 돌아다니는 게 아니고. 그러다가 인자 나중에는 어찌금 길이 들었냐면은 여기서 사고, 여기서 사고, 여기서 사고 해갖고 집에를 못 들어오고 자꾸 연결되어 갖고 객지로 돌아. 집에 돌아올 새도 없이 여기서 계약해갖고 요리 가고 저기서 계약해갖고 저리 가고, 자꾸 이렇게 해갖고 늘어나. 그러다 본께 단원들이 지치는 거지. 지쳐버리니까 '나는 못 허겄소.' 하고 손을 들어 분 거이지. 쉬고 할 적에는 괜찮았어. 근데 이 양반들이 돈맛을 알아갖고 계속 집에 들어오지도 않고, 또 어디서 그렇게 데릴러도 잘 오는가 몰라. 제발 좀 안 데릴러 왔으면 쓰겠는데 계약하면 또 그리 가고. 계약하러 오면 벌써 여기서 며칠날 끝난다는 걸 알고와. 여기서 끝나면 거기 가는 시간 하루만 여유 주고, 차타고 가는 시간만 여유 주고 그 이튿날 공연 또 해야 돼. 휴일이 없이 그렇게 하게 되더라고. 나중에는 그렇게 늘어나 버리더라고.

권 포장 치고 그러는 새에 쉬지 않아요?

박 그런게 포장 치는 새에 하루 여유 준다니까, 하루.

노 얼마나 인기가 많았으믄 그랬겠어. 언니는 그랬지? 우리 때는 보름, 한달, 석달 씩 이렇게 포장을 치고, 한 군데에다가. 그러니까 또 오랫동안 있었잖아. 오랫동안 있다가 또 다음 장소를 누가 섭외해. 해가지고 그쪽에서 오케이 하면 가. 그게 늘어나다 보니까 사러 오는 사람이 그렇게 없어. 그니까 우리가 장소를 선택해서 가는 거야. 우리가 선택해서 갔는데 손님이 없어. 그믄 다음 장소 갈 여비가 없는 거야. 그럼 우리가 여관에 잡혀. 그래가지고 저쪽 다음 장소에 가서 섭외해가지고 돈을 만들어 와서 우리를 데리고 가야 우리가 가지 아니면 죽치고 앉아서 돈 안 내면 밥도 안 줄라고 그래. 나는 또 그런 경험을 했지.

여성농악의 팬들과 함께 이희숙, 박복례

**부산 가가지고 우리 선생님 잡혀놓고 우리만 왔잖아.**
**공연을 가서 망해버렸어.**

박 나도 저 부산 가가지고 우리 선생님 잡혀놓고 우리만 왔잖아. 왜냐면 공연을 가서 망해버렸어. 부산까지 갔는디 망해버려 논게 여관비도 밥값도 없제, 여관에서는 밥값 내놓으라고 조르제. 그 단원이 다 있다가는 빚이 자꾸 늘어나게 생겼제 한게. 뭐라고 하냐면은 "장구하고 악기하고 싹 놔두고 오빠가 여기 있어요."

권 강도근 선생님을요?

박 응. 동생이 이 단원들 다 데리고 갈 거인게 오빠가 여기 좀 있으면 돈

갖고 찾으러 올게.

권 세상에 그렇게 인기가 있었는데 왜 망했대요, 부산에서는?

박 왜그냐면 잘 되는 데가 있고 안 되는 데가 있고 그래. 그런디 부산을 갔는디 그때는 안 팔리고 그냥 우리 단체로 갔는가봐. 그런게 돈이 없지. 그때는 지금맹이로 도로나 좋아? 털털털털, 차가 다니면 쿵텅쿵텅 쿵텅 비포장도로, 지금같이 급행이 있어, 뭣이 있어.

노 부산에서 여기까지 다섯 시간, 여섯 시간 걸려.

박 완행열차, 버스 타고 하루 내 온께 남원에 밤에 도착하드라고.

노 덜컹덜컹하고 온께 궁딩이고 다리고 다 아파.

박 자갈밭으로 그냥 어디로 와서 그 이튿날 돈 해갖고 오빠 찾아갖고 오라고 해서, 우리 형부가 또 가서 형님 찾아오고.

권 아이고 무슨 영화 같아요.

박 운봉 가서 공연을 했는디 여기서 운봉이 엎드리면 코 닿을 데잖아. 저녁에 공연을 하고 자고 아침에 일어난께 눈이 팍 쌓여갖고 오도 가도 못하게 눈이 몽땅 와버렸으니 무슨 공연을 어떻게 혀. 그런께 여기는 가까운게 "여관비 내일 갖다 줄 것인게 단원들 좀 보냅시다." 그런게 여관 주인이 어쩔 수 없이 보내주더만. 근디 그 눈밭을 걸어서 와갖고.

노 차가 없어서 걸어왔어?

박 못 가지, 차가. 눈이 쌓여분게. 차가 안와. 안 온게 어쩌. 단원들 다 먹여 살릴라면 돈이 안 된께 "우리 좀 갑시다. 내일 갖다가 돈 주께."

권 하룻밤 주무셨어요?

박 한 며칠 공연 했어. 했는디 차가 안 온단게, 차가. 근데 그 눈 녹을 때까지 있으믄 밥값으로 다 까먹은게 단장이 생각한게 안 되겄은게 걸어가자 이 말여.

권 그래갖고 걸어오셨어요?

박 걸어왔지. 근디 걸어온 거이 뭣이 가관이냐면은 강초운 씨 아들내미 업은 놈, 김금순 씨 아들내미 업은 놈, 애기 둘을 업었어. 그놈을 업고 걸어 넘어오는디 재밌었어, 그래도.

노 근데 내려오니까 재밌었지, 올라갔으믄 힘들었을 거야.

박 내려오는 길이라 눈 장난 해가면서. 두 사람이 애기들 업고 그러다가 보면 우리가 또 한번씩 업어주고. 돌아가면서 업어주고 내려왔는데. 얼마나 징한가 봐. 쪼깐한 다리들로 운봉에서 여기까지 걸어 왔으믄 밥 먹고 편안하게 자야될 거 아녀. 극장으로 달아난 거여, 갑순이하고 나하고 둘이. 그 통에 구경하고 온께 단장이 하는 말, 해도해도 너무한다고. "세상에 자박거리고 여기까지 와갖고 눈 들 어가서 발 시렵다고 한 것이 밥 멕여 놓은게 극장 간다고."

노 그래도 이 사람들은 멋쟁이라 운동화 신고, 새로 나온 운동화 신고 그랬는데, 운동화도 금방 물이 배어버려. 멋쟁이들이라 그거라도 신지 아니면 고무신이여.

박 아이고 재밌어. 그래도 그때.

노 그때가 어릴 땐게 재밌었어. 돈 주고도 못할 일들 다 겪고. 그리고 언니 시대에는 먹고 살 길이 없어. 공장도 없고 어디에 취직도 안 되고, 그나마 단체가 있은게 거기가 숨 쉴 곳이고 거기 가서 놀고 농악 좋다고 하니까 신났지.

박 머시마들이 연애편지를 주면 지금같이 쪽지에다 안 줘. 쪽지를 줬다가는 우리 식구들한테 걸리니까 풍선을 불어갖고 풍선에다 주소를 싹 써서 줘. 주소를 만장같이 싹 써갖고 풍선을 준다고. 저거이 무슨 편지겠냐고 생각을 못 혀, 어른들이. 풍선을 우리가 받잖아. 처음에 는 우리도 거기가 연애편지인지 모르고 받는 거이지. 받아서 보면 즈그집 주소하고.

권 주소는 왜 써놔요?

박 답장해야 만나지.

권 아 편지 쓰라고. 세상에.

노 옛날에는 전화가 없잖아.

박 그래갖고 풍선에다 많이 받고 나중에는 들켜논게, 그 다음 놈은 무슨 짓거리를 했냐면 풍선 속에다가 쪽지를 넣어갖고 불어갖고 갖다줘.

노 다 방법이 있구만.

박 어른들이 있은게 옆에까지 못 오다가 차 출발할라면 통통통 두드려. 그러면 얼른 문 열면 선물을 휘딱 던져주고 가고. 아주 비상하게 줘.

노 나는 그 소리는 처음 들었네. 우리는 편지, 쪽지.

권 그 당시에는 펜팔을 많이 하셨군요.

노 나는 펜팔 많이 했어, 월남 펜팔. 베트남.

박 왜냐하면 그때 당시에는 집에가 전화가 있나 뭣이 있나 없거든. 우리가 그 자리를 떠나 버리면은 못 만나.

노 그러니까 주소를 달라고 하지.

**우리 같이 돈 없는 사람들은**
**산공부 한번 들어가 본 적도 없고 들어갈 생각도 않고.**

권 남원에서 많이 정착해서 사셔요?

노 아니지, 많이 떠났지. 박복례 언니나 유일하게 있지 누가 정착해서 있어. 나야 몇 십 년 만에 돌아왔지. 다 떠났어. 다 객지로 떠나버리고 없어. 근데 유일하게 이 언니가 있으니까 오며가며 이 언니 보면서 소식 전하고 보고 싶은 옛날 그런 이야기들 이 언니한테 하고.

권 김화자 선생님은 떠나셨다가 다시 오셨던가요?

노 그 언니는 단체를 안 다녔어.

박 우리하고는 추억이 없어. 근데 화자는 나뿐이 아니라 선배들을 다 챙겨. 어찌 됐든간에 옛날 선배를 잘 챙겨. 고맙게.

권 김영운 선생님이 인정이 많으셨어요?

노 그럼. 그분은 순해. 한 번도 "너 왜 그러냐?" 고 뭐라고 하고 따지고 하신 적이 없어. 평생 돈 벌라고 해보도 않고 오직 자기가 하는 예술, 그리고 애들 가르치는 거. 그때도 월사금을 받았어. 월사금이 있었는데 거의 다 대부분 못 주는 아이들이야. 즈네들도 다 못 사니까 뭔가 한 가지 배워갖고 벌어먹고 살겠다고 하는 사람들이기 때문에 그렇게 돈 달라고 하지를 않았어. 지금 같으면 안 받을 거여. 학원비 안 냈으니까 오지 말라고 그럴 텐데, 그러지도 않아.

박 어쨌든간 배울라고 하면 갈킬라고 노력을 하셨어.

노 즈네들이 떠나지 않고 배울라고 하면 끝까지 가르칠라고 그래. 근데 즈네들이 배우고 나이 먹고 하면서 선생님의 고마움을 아니까 챙길라고 애쓰지, 다들 먹고 살기 힘들었어. 월사금 낼 돈이 어딨어.

권 강도근 선생님은 제자들 데리고 독공 들어가고 그러셨어요? 백일공부 이런 거?

노 돈이 되는 사람들은 선생님 모시고 들어가서 독공하지.

박 독공을 하는 사람들은 선생이 데리고 가는 것이 아니라 제자들이 하고 싶어라 하면은 자기가 준비를 해야지. 선생님 월급까지.

권 돈 있어야 그거 할 수 있는 거네요?

노 그럼, 선생님 모실 수 있는 여건이 돼야 하지.

박 그때 당시는 선생님 월급이라고 해봐야 선생님 집에 쌀하고 나무만 팔아다 주면 끝이여. 그것이 월급이여. 근디 그걸 다 하냐면 다 한사람이 없어. 얼른 말해서, 안 굶을 정도로만 선생님 집을 돌봐 드린 거야, 제자들이 돌아가면서. 선생님 용돈 드리고 담뱃값 드린 제자도 없고, 선생님이 어디 가서 잔칫집 가서 노래라도 부르면 그놈 갖고 담배 사 잡수고. 학원비 갖고는 안 됐어. 그러다가 제자들 중에 밥이라도 먹고 사는 애들이 배우다가 '독공부 들어가야 되겠다. 산공부 들어가야 쓰겄다.' 하면은 일 년에 한번, 이렇게 추울 때 산속으로 들어가지. 들어가서 인자 공부를 하고 나오지. 그러다 보면 인자 우리는 발 잡고 손 잡고 놀아야 돼. 선생님이 없은께. 안 계시니까, 한번 들어가면 못 나오잖아.

권 그럴 때는 못 배우시는구나.

노 근데 선생님한테는 좋아. 돈도 얼마 쥐어주고 모시고 가니까.

박 그러고 나면은 우리는 발 잡고 손 잡고 놀아, 인자. 다 애로점이 다 있어. 우리 같이 돈 없는 사람들은 산공부 한번 들어가 본 적도 없고 들어갈 생각도 않고.

권 하고 싶다고 할 수 있는 상황이 안 되는고만요.

노 먹고 살 게 없는데 뭔 공부를 가.

박 지금 같으면 "산공부 들어가게 얼마 챙겨라." 그러면 부모들이 죽기 아니면 까무라치기로 만들어서 주지만 그때는 그런 것이 없었어. 우선 먹는 것도 뭣 헌디 선생님 쌀 팔아주면 끝이란게. 쌀 팔아주고 나무 사주면 끝이여.

권 그러다가 춘향여성농악이 그렇게 인기가 좋았던 거는 대박 터진 거네요.

노 그럼, 대박이지. 돈을 가마니로 쓸어 담았다는데 말할 게 뭐 있어. 그 돈으로 백 샌[3] 집에서 논을 샀대, 언니야.

권 단체가 공연을 나가면 백 샌은 따라가요?

박 따라가지. 재무라고 해갖고 돈 다 챙겨. 본인이 싹 챙겨갖고, 여기 와서 간부들 얼마씩 주고 우리들 쬐께씩 주고 나머지는 여관비 얼마, 밥값이 얼마 계산하고 나면은 얼마가 남았든지 간에 싹 그 속으로 들어가 버려.

권 아이고, 오늘 얘기가 너무 재밌었어요. 너무 재밌어요.

1961년 경으로 추정되는 춘향여성농악단 주요 구성원들의 단체사진
(앞줄 안경쓴 남성이 한종식 단장, 한단장의 왼쪽 정중앙의 남성이 강도근 명창, 뒷줄 맨 왼쪽 나금추. 맨 오른쪽 오갑순, 오갑순 옆의 목걸이를 한 여성이 박복례 등)

3) '생원'의 줄임말.

4장

# 춘향여성농악단의 마지막 세대, 소고잽이 노영숙

| 구술자 | 노영숙 (1954년생) |
| --- | --- |
| 조사자 | 권은영 |
| 일시 | 2015년 7월 28일, 8월 1일, 8월 15일, 9월 12일, 10월 7일, 10월 17, 12월 12일<br>2016년 1월 2일, 1월 9일, 3월 12일 |
| 장소 | 남원시 인월면 커피숍 '로뎀나무', 노영숙 자택 |

## 창극에 반한 어린 소녀는 강백천 일가와 함께

노 내가 춘향단체를 가게 된 계기는, 남원 광한루 옆에서 그때 포장을 쳐 놓고 공연을 했는데, 그게 남원 춘향여성농악이야. 거기서 연극을 보고 뿅 갔다니까. 집에 가서 엄마를 조르기 시작했지, 단체 가고 싶다고. 근데 분순 언니의 언니하고 울 엄마하고 친해. 친한데 우리 엄마한테 내가 졸랐더니, 나를 단체에 데려가라고 우리 엄마가 언니 집에 얘기를 했어. 그랬더니 잠깐만 기다리라고, 며칠날에 단체가 나가니까 그때 나를 데리고 오라고 했다는 거야. 그래서 그날 분순 언니네 집에 딱 갔는데 언니네 엄마가 그래. "우리 딸은 어제 갔는디?" 그러는 거야. 그니까 나를 떼놓고 간 거야. 분명히 오늘 오라고 해놓고 어제 가버린 거야. 그래서 요번에 그 얘기를 했더니 분순 언니가 "내가 너무 고생스러워서 애들을 단체에 데려다 놓고 싶은 생각이 없었다." 고 해. 고생스러우니까 나를 떼 놓고 갔다고 얘기를 하대. 그런 거 하지 말라고.

근데 내가 자꾸 단체 갈 거라고 조르니까 엄마가 "니가 왜 그러냐? 우리 집안에 그런 사람이 없는데 당골네 될라고 그래?" 왜그냐고 그래. 나는 갈 거라고 보내주라고 조르니까 울 엄마가 수소문을 해갖고 칠선옥을 알았나봐. 찾아가서 그 얘기를 했더니 칠선옥 주인이 자기 집에는 양딸이 넷이나 있으니까 나까지 건사할 수는 없다고 그랬대. "내가 아는 데가 있는데 거기 손녀딸이 마침 얘하고 거의 나이가 같으니까 언니 동생하고 자매처럼 같이 있었으면 좋겠다. 내가 거기로 얘기를 해줄게." 이렇게 된 거야. 그래갖고 강백천 할아버지네로 간 거야. 그래서 내가 할아버지 밑으로 들어가서 할아버지 손녀딸하고 같이 공부를 했지.

노영숙, 1970년 일본 순회공연 중에

권 강백천 선생님은 그때 칠선옥에 계셨던 거예요?

노 아니 따로 방 얻어갖고 계셨는데 국악원은 아냐. 내가 그때 칠선옥 갔을 때 점심인가 저녁인가를 먹고 있는데 안에서 자기들끼리 까르륵 까르륵 웃고 난리가 났어. 공연 끝나고 왔는지 하여튼 단원들이 엄청 많았거든. 내가 할아버지 손녀의 친구 삼아 들어갔는데, 나이가 나보다 한 살 많아. 개월 수로 따지면 몇 개월 안 되는데. 그래갖고 할아버지

하고 손녀딸하고 같이 지낸 거지. 할아버지가 창 가르쳐 주고 둘이는 소꿉친구 하고 지내고, 밥도 둘이 어떻게 하면서.

권 선생님 그때 몇 살이나 되셨어요?

노 한 아홉 살? 근게 애기여, 둘 다. 지금 생각하면 할아버지는 남자니까 손 하나 까딱 하지 않고 노인이니까. 그 쪼그만한 것들이 부뚜막에 둘이 올라가갖고, 언니가 뭔가 밥을 하고 그래.

권 할아버지 잡숫는 거를 그분이 다 만든 거예요? 그 어린 나이에?

노 응. 내가 한 아홉 살, 열 살? 언니는 나보다 한 살 많으니까 한 열 살이나 됐겠지. 옛날에는 연탄도 아니고 불 때서 하는 거잖아. 그니까 둘이 부뚜막에 올라가가지고 밥을 의논해가면서 하는 거야. 근데 나는 여덟 살 때부터 밥을 했어. 울 엄마가 장사를 다니니까 밥하는 거를 엄마가 가르친 거야. 우리 엄마 없을 때 오빠하고 이렇게 한다고 밥을 하고 그랬어. 불 때서 하는데. 내가 어려서 똑똑했어. 멍청하지는 않았어. 한번 딱 들으면 안 잊어버리고 그랬는데. 둘이 의논해가면서 하는 거야. 그런 생각이 어렴풋이 나. 조기를 지졌는가, 두부를 넣고 조기 지진 것도 생각이 나고.

권 그럼 잠은 집에 와서 주무시는 거예요?

노 아니 한 집에서 같이 자. 같이 살았다니까. 할아버지랑 손녀딸이랑 함께. 그 언니는 천부적인 재능을 가졌어. 다른 사람은 다 노력으로 하지만 이 사람은 타고난 재질이 있어. 줄도 탔고 남도창, 민요, 시조에서부터 양금, 가야금, 대금, 단소 못 하는 게 없는 거야. 그 어린나이에도 모든 걸 몸에 갖고 태어났어. 타고났어.

권 강백천 선생님에 대해서 기억나는 것 좀 얘기해주세요.

노 강백천 선생님은 원래 몸이 병약하셨어. 위 나쁘지 장 수술도 하고 그러셨대. 나중에는 인간문화재가 되셨지. 근데 돌아가실 때 내가 부산에 있으면서 내가 할아버지한테 왔다갔다 했거든. 내가 단소를 좀 배우고 있었을 때, 할아버지가 "내가 곧 죽을 거 같다." 그래서 "왜요, 할아버지?" 그러니까 엊저녁에 누가 왔대. 저승사자라면서. 나보고 그런 얘기를 하더만. 발밑에 서랍장이 있잖아. 방 안에 서랍장이 있는데, "나보고 이제 가자 하면서 옷 꺼내서 갈아입으라고 그러더라." 근데 어디 옷이 들었는지까지 알더래. 자기 새옷 해놓은 거를. 그때 남자분이 한분 계셔갖고 할아버지한테 대금을 배웠거든. 나는 그분한테 단소를 배우고.

권 지난번에 테이프 들려주신 그분?

노 응, 그분. 그거 나 일본 간다고 가서 연습하라고 녹음해준 거야. 그래갖고 할아버지 손녀딸하고 그 남자분하고 나하고 셋이 불었어. 부산에 금정산이 제일 높잖아. 거기 산꼭대기에 케이블카 타고 올라가서 셋이 불고 있으면, 거기 흑염소 잡아주고 하는 데 있잖아. 거기 아줌마들이 난리여. 뭔 신선들이 오셨냐고. 셋이 불고 앉았으면 그랬어. 그랬는데 할아버지가 그렇게 아프셔서 그러시더라고. "내가 갈 때가 인자 얼마 안 남은 거 같다." 면서 그 얘기를 두 번인가 세 번인가 하셨어. 그때 할아버지가 여든넷인가 다섯인가 그랬을 거야, 아마. 그래서 "할아버지 몇 년 만 더 사시면 백 살이 되니까 그때까지 사세요." 내가 그랬거든. 근데 그 다음날인가 다다음날 인가 또 그러시더라고. 또 왔더래. 그러더니 삼일인가 돼갖고 전화 온 거야, 할아버지가 돌아가셨다고. 그때 내가 부산에서 정착해서 결혼해서 살고 있었을 때야. 할아버지가 82년도인가 돌아가셨어.

**춘향여성농악단에서 :**

**시선을 끌기 위해서 자기는 멋쟁이가 되어야 돼. 튀어야 돼.**

권 장구들은 머리에 싱을 넣죠?

노 싱, 저게 원래는 미장원에서 잔머리 버리는 거 주워다가 다 만들잖아. 싱을 만들어.

권 이 머리, 맘보머리라고 하는 거랑 달라요?

노 저게 맘보머리일걸. 볼록 튀어난온 게 이게 맘보머리인데.

권 그때 당시 저런 머리가 유행이었어요, 선생님?

노 아니, 단체에서. 단체 사람들만. 이게 머리 형태가 신라의 머리 형태 흉내 낸 걸 거야. 의상도 신라 시대 의상이잖아. 중간에 신라복으로 다 바뀌었잖아. 처음에는 남자들처럼 바지 저고리 조끼 입고 하다가 어느 때인가는 신라복으로 바뀌었어.

권 머리랑은 누가 해요?

노 다 자기가 하지, 자기 스스로. 지금 현재는 엔터테인먼트 회사에서 그 사람을 상품을 만들잖아. 연예인 하나를 만들면 성형에서부터 뭐에서부터 전문가가 딱 짜여갖고 완전히 만들잖아, 상품화를. 근데 우리는 자기가 해야 돼. 스스로 분장도 다 자기가 해야 되고, 이렇게 하면 예쁠까, 저렇게 하면 예쁠까? 무슨 옷을 입어야 되지? 또 이럴 땐 어떻게 해야 되지, 저럴 땐 어째야 되지? 자기 혼자 연구하고 자기 혼자 해. 누가 해주는 게 아니야. 가끔은 어른들이 연극할 때 이래라 저래라 창할 때 이래라 저래라 조언은 해주는데 그 조언이 따뜻하고 세련되게 말하는 게 아니라 그냥 야단치고 질책하고 이러니까. 옛날 어른들은 잘 하는 방향으로 제시도 해주고 그래야 되는데 그냥 명령조야, 억압

적이고. 또 그런 줄 알고 살아 왔어, 다들.

권 선생님 화장 같은 거는 누구한테 배우셨어요?

노 아니야. 배운 거 아냐. 언니들 하는 거 보고 배우지. 그러니까 화장이 제대로 된 화장이 아니고 처음에는 엉망이야. 실수를 반복하면서 느는 거지.

권 국악원에서 소리 배우고 그러는 중간에 화장을 배우고 그런 거는 없어요?

노 메이크업 배우는 거는 없어. 그런 거는 없어. 연극할 때는 배우지. 연극 선생님들한테나 연극은 분장을 배우지. 그리고 눈썰미 있는 사람은 자기가 보고 따라서 하고 자기가 연구해서 하고.

권 공연할 때 화장하는 거 중요하잖아요. 액세서리도 많이 하시던데. 귀걸이나 반지도 커다란 거 하시고. 요즘 아이돌 애들 치렁치렁하게 꾸민 거랑 똑같다는 생각이 드는 거예요.

노 서로 예쁘게 보일라고 경쟁이야. 그게 왜 그러냐면 일반인들은 그렇게 할 수가 없어. 그렇게 하면 또 욕 얻어먹고. 무대에서 튀어야 되니까. 일반인보다 튀기 위해서 그렇게 하는 거야.

권 여성농악 선생님들 특징 중에 하나가 화려하고, 패션 감각이 다른 사람들하고 다르다는 생각이 들어요. 어릴 때부터 꾸며본 분들이라서.

노 저 번에 희숙이 언니 사진 봤잖아. 통치마 저고리, 그게 또 유행이었어. 통치마 저고리에다가 파라솔 쓰고 하이힐 신는 거. 옛날 하이 힐이면 빼쭉해가지고 날카롭거든. 그때는 땅들이 지금처럼 좋지가 않고 돌이 있으니까 뒤 굽에 쇠를 박아서 신었던 거거든. 옛날에는 다 맞춰서 신었지, 양화점에서. 기성화가 없었을 때니까. 그게 유행 이었어. 하이 힐 신고. 언니들이 단체 갔다 오면 통치마 저고리, 여름엔 여름옷대로 겨울은 겨울옷대로. 그리고 걷는 게 다 예뻐. 스타였어. 스타였다니까. 남자들도 호감을 갖지.

권 예전에 어떤 선생님이 "야, 웬만한 남자들은 우리 눈도 못 쳐다봤어." 그런 얘기를 하시더라고요.

노 맞아, 순진한 사람들은 그래. 이 사람들은 맨날 수십 명 수백 명 앞에서 치고 놀고 그러니까 아무렇지도 않지만, 보는 거 자연스럽지만 보통 사람들은 순진하잖아. 우리들은 시선을 끌고 살았기 때문에 아무렇지도 않지. 일부러 시선을 끌기 위해서 자기는 멋쟁이가 되어야 돼. 튀어야 돼. 시대 나름의 멋쟁이였어. 그때 당시의 멋이 있어.

권 사람들 앞에 서는 것을 즐기고 좋아하는 분들은 그 생활이 좀 덜 지겨운데, 사람들 시선이 부담스러운 성격이면 힘들었을 거 같아요. 화려한 모습이 좋아서 왔다가도 그 생활이 쉽지 않아서.

노 그니까 물러간 사람도 많아, 사실. 이름도 성도 없이 왔다가 간 사람도 많이 있어. 내가 알기에도 어렸을 때 이 언니, 저 언니 많이 있었는데 들어가 버린 언니들이 많아. 단체에서 연애하는 게 금지돼 있어. 남자 단원들하고나 남자 간부들하고, 절대 금지야. 풍기 문란해진다고 어른들이 감시를 하고. 그래도 연애하는 사람들이 있어, 몰래 몰래. 그런 게 보이면 보내버리고, 남자 단원이나 간부를 보내 버리고.

권 책을 보다가 찾았는데, 채상 연습을 달빛 아래에서 했다는 말이 있더라고요. 그 대목이 되게 인상적이었어요.

노 그거 내 말이야. 여성농악 재현 공연 연습할 때 그 얘기를 했더니 그것을 진옥섭이가 적어놨더라고. 달빛에 달그림자 보고 어떻게 돌아가나, 달그림자 보면서 나는 연습을 했어. 그거 내 얘기야. "그때는 불빛이 없으니까 깜깜해서 언니들 자는데 달빛에 내가 연습을 하고 내가

춘향제에서 춘향사당에 절을 하는 남원국악원 원생들

'언젠가 꼭 잘해서 탁 놀래켜 줘야지.' 그런 마음으로 연습을 했다." 밤새 연습하고 그렇게 했다고 그랬더니, "좋아." 하면서 그걸 적었어. 그거를 그대로 옮겨놨더라고.

권 그때 이희숙 선생님이 공주고 안숙선 선생님이 태자 역할을 했다는 그 연극, 기억나는 거 있으면 얘기해 주세요.

노 희숙 언니가 공주야. 큰 태자는 미정 언니고, 작은 태자는 숙선이 언니. 희숙 언니가 상대국의 공주인데 원래 큰 태자한테 결혼을 해야 돼. 정략결혼을 할라면, 큰 태자하고 결혼을 해야 되는데 이 공주가 작은 태자를 좋아하는 거야. 근데 이 작은 태자가 귀양을 가가지고 눈이 멀었어. 눈이 안 보여. 스토리가 그래. 이 언니들 기억할라나 모르겠어. 그래갖고 눈이 안 보이는데 공주가 찾아가잖아. 어디 섬에 있는 작은 태자를. "이렇게 오시면 안 되지 않느냐?" 어쩌고 해. 그런데도 그 작은 태자를 좋아해. 하여튼 그런 연극이었어.

권 그 속에 소리가 들어가요?

노 그럼. 춘향여성은 창이 기본 바탕이야. 창을 배우고 나서 농악을 배웠기 때문에.

권 판소리 다섯 바탕 같은 거는 옛날부터 쭉 내려오는 게 있잖아요. 그런데 이런 연극은 이미 만들어져 있는 판소리가 없잖아요. 그럼 그걸 누가 알려줘요?

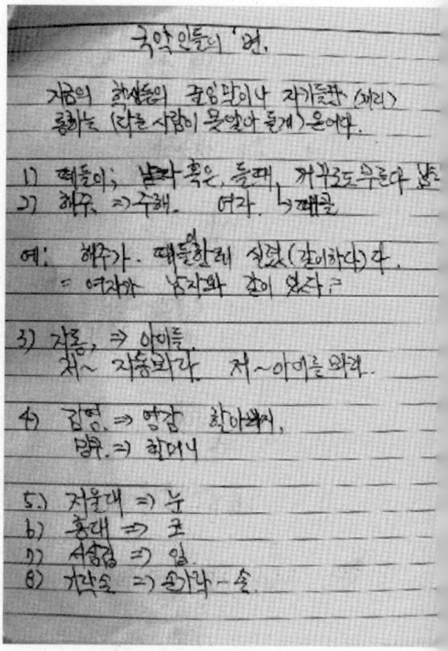

노영숙이 적어준 은어 '변'

노 지금 생각하니까, 연극 선생이 있었던 거 같애, 남자가. 하여튼 남자가 있었는데 사극을 하면서 얼굴 분장을 해. 도랑이라고 있잖아. 성냥 태워가지고 눈썹도 그리고. 나는 호기심 있으니까 쳐다볼 거 아냐. 그리고 화장을 지우는데 무슨 냄새가 나. 석유로 지우는 거야. 화장을 얼마나 두껍게 하는지. 그때만 해도 화장품이 좋았겠어? 도랑이라고 만들어서 썼다고, 거의 다. 연극했던 분이 그분 같애.

권 다른 선생님들 보니까 '변' 이라고 은어 같은 거를 쓰시던데요?

노 그거 변이라고 하는데 지금은 저속하다고 해가지고 안 쓰잖아. 은어야, 은어, 국악인들만 쓰는 은어. '상호' 는 얼굴. 못 알아듣게 우리끼리만 아는 말이 있어. 입은 '서삼집', 눈은 '저울'.

## 춘향여성농악단이 해체될 때쯤

권 이 사진, 67년도 해인사에서 찍은 사진 설명 좀 해 주세요.

노 손해천 아저씨, 강정숙 언니 아버지 강병철 씨, 정정순 언니 오빠인데 정철이 오빠, 점식이 오빠하고 사촌간이야. 이분이 한단장이야. 이분이 한번 무릎 꿇리고 앉혀놓으면 한 두세 시간 훈계를 해. 다리가 저려 죽겠는데 올바르게 선도를 하기 위해서 긴 이야기를 많이 해. 사람의 도리는 어떻게 해야 된다. 이분이 사회도 보고 이분이 그때 단장이었어. 한종식 단장. 이분이 칠선옥 엄마야. 이분이 원래 창단주인데 강도근 선생님하고 같이. 이분이 어째서 이때 왔었는지는 몰라도 잠시 들른 거 같애. 단체에 계속 같이 다니지는 않았어. 그리고 이게 이옥주 언니야. 그리고 인제 권금미, 동생이 영미인가? 영미인거 같애, 권영미. 언니와 동생, 설장구였어. 자매간이고. 여기에 양정남 언니라고 징도 치고 소리도 하고 연극도 하고. 이 분이 금미 언니 엄마, 권 총무님 부인. 그리고 이게 장영숙 언니야, 상쇠. 지금도 나하고 연락해. 이분은 권 총무, 권후엽 부장님. 이 분이 장소 섭외하고 소도 구부장도 하고. 맨 끝에 지팡이 짚고 계신 분이 강백천 할아버지야.

노 앞줄에, 이게 배순애, 손해천 씨 양딸이지. 이게 나야. 열네 살인가? 순애랑 동갑이야. 그게 햇빛이 비추고 있으니까 인상을 쓰고 있는 거지. 얘는 칠선옥 양딸, 이게 선희, 아버지가 꼭 얘를 데리고 다니고 아버지가 가시면서 꼭 나를 불러갖고 가는 거야. 아버지가 새납을 불었잖아. 그렇게 다니는 거를 즐거워하셔. 나는 아버지가 없다보니까 이 아버지를 굉장히 따랐어. 선희하고 친구니까 맨날 딸처럼 데리고 다니셨지. 요렇게가 또래야. 얘가 또 정금난이라고 나하고 일본을 같이 갔지.

1967년 춘향여성농악단 단체사진 (우측 상단에 '해인사기념, 1967.5.1'이라고 적혀있다.)

권 그럼 역할이 어떻게 돼요? 장영숙 그분이 상쇠하셨고, 그럼 누가 부쇠를 하셨어요?

노 아마 옥주 언니가 부쇠를 했을 거야. 권금미 언니가 설장고고 동생이 징이고, 양정남이가 수징이고 영미가 부징이고. 장구 둘, 여기에 사람들 더 있는데.

권 그때 선생님이 10년 전에 "사람이 몇 명 빠진 것 같다." 그 말씀 하셨어요.

노 응. 요렇게 밖에 없지는 않았어.

권 여기 앞에 쭉 앉으신 분들, 선생님 또래, 이분들은 다 소고를 하신 거예요?

노 응. 다 소고. 꼬맹이들 쪼르르. 이때 조금자 언니인가, 조 뭔 언니가 수버꾸를 했어. 점식이 오빠도 이때 있었을 거야. 몇 명이 빠진 거야, 지금. 요때 좀 지나고 나서 이동안 선생님이 합류했어. 우리가 부산인가 어디 가가지고 같이 합류했어. 줄 타시고 그런다고. 이동안 선생님이 천안인가 어디에서 농악단 다시 한다고 했을 때 내가 간 거 같은 기억이 나. 금난이하고. 우리가 이동안 선생님 딸 집에 가서 있었어. 이동안 선생님이 기술이 참 좋잖아. 우리 단체에서 줄 가르친다고 그러고 바라춤도 가르치고 살풀이도 가르치고 그랬어. 그분 딸 집에 가서 단체를 만든다고 가서 있었던 기억도 나고 그래. 근데 그게 안 됐어. 안 되고 다시 해산된 거 같애. 기억이 너무 혼합이 돼서 정리가 안 되네. 하여튼 수원에 이동안 선생이 계셔가지고 우리가 거점을 삼아서 간 거 같은 기억이 나. 내 친구 금난이하고 순애하고 나하고 또 누구하고 간 거 같은데. 그때 예술학교가 안양에 생긴다고 그런 말도 있었던 것 같고 그래. 너무 어렸을 때. 그때 열네 살인가 그랬을 거야.

권 손해천 씨는 뭘 하신 거예요?

노 유명철 씨가 잘 알 거야. 그 농악단에 있었어. 이분이 장구도 치고 여러 가지를 해. 우리 단체 다닐 때는 무대 전부다 이분이 설치하고 포장 같은 거 그런 거 다 했어. 일꾼이었지. 근데 원래 장구 치고 다녔던 걸로 알아, 남원농악에서.

권 정정순 씨 오빠라는 분은 뭘 하신 거예요?

노 그분은 매표 보고 심부름하고 일하고 댕겼지. 총각 때니까 일을 도와주고 다녔지.

권 나중에 남원 단원들이 서울로 많이 올라가고 그러잖아요. 그래서 단원이 부족할 때 어디 무용학원 같은 데서 단원을 데려오거나 하지 않았어요?

노 전주에서 많이 데리고 왔지. 마지막에 우리가 했을 때는 전주 단원을 데리고 왔어. 장영숙, 전금난, 배순애, 권금미 언니, 또 영미, 몇 몇을 전주단체에서 데려와서. 그 사람들을 누가 사갖고 온 거야, 단체 명의를. 사갖고 전주하고 남원하고 합쳐서 다니다가 그게 인자 마지막이 된 거지.

권 그냥 춘향이란 이름을 붙였군요. 남원이랑 전주 단체를 합쳐서.

노 그니까 해인사에서 찍은 사진이 마지막이었을 거야, 춘향 단체가. 춘향 초창기 사람들은 원래 창으로 밑바탕이 다 다져져 있잖아. 판소리로 다 다져져 있고 쟁쟁한 사람들이지. 차츰차츰 가면서 퇴색 되어가. 급한 대로 급조해서 데려오고 배우고.

권 춘향단체가 부산에서 해체 됐댔죠? 부산에서 헤어질 때는 단장님이랑 계시잖아요. 그럼 어떻게 해산을 하는 거예요?

노 단원들이 하나둘 떠나고 자꾸 사람이 없어졌잖아. 그니까 단체를 운영을 못 할 상황인 거 같애. 정확히는 나도 몰라. 할아버지가 부산 정착을 하신다고, 온천장에 유지를 아는 분이 계셨는지 그분이 숙소를 제공을 하고 거기에서 나하고 언니하고 한참동안 뭘 해먹고 있었던 거 같애. 그러다가 내가 "언니, 나는 집에 가야될 거 같애." 그러고 떠나왔던 거 같애. 한참 동안 생활했어. 뭔 단체를 만들어갖고 간 거 같애, 춘향단체를. 몇 번인가 시도를 하다가 결국은 너무 운영이 안 되니까 관두신 거 같애.

68년도나 됐나 보다.
일본 갈라고 서울에 가서 계속 연습하고 그러고 있었을 때야.

권 강백천 선생님도 부산에 정착을 하셨네요. 무슨 말을 들었냐면 부산에 가면 공연이 잘 된다는 말을 들었어요.

노 조방 앞에가, 지금은 시민회관이 거기에 생겼어. 공연도 많이 하고 지금도 그러는데 그 시민회관 옆에가 조방이라고 거기가 공터가 많았는데 거기에서 천막을 치고 공연을 많이 했는데. 부산사람들이 그렇게 좋아했지. 여성농악이 그쪽에는 없잖아. 없는 것을 보기 때문에 신기한 거지. 노인네들이 와서 예뻐서 어떻게 해야될 지를 모르고, 밥 사주고 공연을 하면 돈을 꽂아주고 난리가 나. 도시락 싸가지고 가는 장소마다 좇아댕기는 사람도 있었다니까. 팬 부대가, 할머니 할아버지들이. 미리 가서 기다리고 있어, 우리보다 먼저.

권 궁금한 게 강백천 선생님이 남원이 고향이신데 왜 부산에서 정착을 하셨을까요?

노 그때 동래 온천장이 있었거든. 거기는 아무래도 가르칠 사람이 있지.

권 부산이 돈이 좀 많죠?

노 당연하지. 동래 온천 별장 하면 유명하잖아. 유명해. 그때 경상도 쪽에서는 국악을 하는 분이 별로 없었어, 선생님들이. 한두 사람이 있어도. 쉽게 말하면 생짜라고 할까? 모르는 사람을 생짜라고 그래, 아무것도 모르는 사람. 그런 데인데 간혹 멋을 아는 사람이 있기 때문에 환영을 받은 거잖아. 할아버지가 여러 가지로 생각을 한 거지. 남원에 와서는 발전이 없다는 걸 생각을 하신 거지. 그래서 잠시 온 천장에 계실 때까지 내가 있었어. 생활을 하다가 뭐 때문에 하여튼 나왔어. 단체를 갔는지 어쨌는지 기억이 끊겼어. 거기가 한옥으로 큰 저택이었는데 거기서 방 하나를 줘서 할아버지랑 언니랑 나랑 셋이 있었고 거기서 밥을 해먹고, 한쪽에 부엌이 따로 있어가지고 별채로 이렇게 있었어. 그 뒤로 내가 단체를 간 거 같애. 딴 데로 방을 얻어갖고 있고 할아버지도 계시고 그랬었거든. 아무튼 내가 강백천 할아버지하고 끈은 안 놓고 계속 왔다 갔다 했어.

권 생각나는 거 있으면 더 얘기해 주세요.

노 내가 농악을 하는데 채상에 레지 다는 것을 처음 했어. 나사 돌려서 증자 끼우는 거를. 그전에는 바로 꿰매는 거였는데 돌려서 끼우는 거를 그때 서울에서 처음으로 내가 한 거야. 그 전에 이 얘기를 먼저 해야 되겠다. 대전에 언젠가 우리 단체가 공연을 갔었어. 몇 달 동안 있었던 적이 있는데 소방서 서장이 자기 집에서 우리 숙식을 대준 거야. 근데 그 집 아들이 나를 좋아했어. 그때 걔가 고등학교 1학년이고, 나보다 두세 살 많아. 어릴 때지. 그 아버지가 나를 며느리 삼았으면 좋겠다고 했는데, 어렸을 때 둘이 그냥 마음이 조금 이상했어. 그때 우리는 좋아도 마음으로만 좋아했지 표현을 못 했던 때야. 그냥 쳐다보고 씩 웃고 도망가고 이랬을 때야. 그런데 옛날에 연속극이 「저 눈밭에 사슴이」[1]라는 참 유명한 연속극이 있었거든. 전 국민이 그 시간만 되면 그 연속극을 라디오 앞에 가서 다 듣고 있는데, 걔가 우리가 그걸 좋아하는 줄 알고 라디오를 마루에다가 나둬. 우리 들으라고. 그것이 좋아하는 표현이야. 거기서 잠깐 있다가 내가 거기서 도망을 갔구나. 서울인가

---

1) 드라마 작가 김수현의 데뷔작, 1968년에 방송되었던 MBC 라디오드라마이다.

어디로 도망을 가버렸어. 단체에서 안 놔주니까. 어떻게 된 상황인지 기억은 잘 안 나.

그러다가 추석이 가까웠나 보다. 추석 명절 공연이었나 봐. 대전에서 걔네 집이 운동장 바로 옆에 있었거든. 그래서 대전 운동장에서 공연을 할 때 내가 걔네 집을 그 옆이니까 찾아갔어. 공연을 하는데 걔가 온 거야. 온 지도 몰랐어. 근데 내 차례가 돼서 내가 막 돌고 채상을 돌리고 있는데 뭐가 좀 이상해. 사람들이 와 웃는 거야. 순간 '왜 웃지? 나를 보고 웃는데 웃을 상황이 아니잖아?' 내가 돌고 있는데, 내가 코미디를 한 것도 아니고. 순간 이상한 기분이 탁 들어. 이상하다 하고 머리를 딱 잡으니까 상모 증자가 어디로 날아가 버리고 없는 거야, 풀어져 가지고. 그걸 보고는 사람들이 웃었던 거지. 막 돌다가 뭣이 휙 날라 갔으니까. 근데 처음이잖아. 나사를 돌려서 증자를 그렇게 만들어서 돌린 것이. 어머, 그러고 딱 보는데 그 순간에 왜 걔가 내 눈에 딱 띄냐고. 걔가 웃는 모습이 내 눈에 확 띄는 거야. 무대에서 보는데, 왜 하필이면 걔가. 아, 창피해 죽겠는 거야, 어린 나이에. 무지하게 창피하고 쑥스럽고 다시 나갈 수도 없고 그러잖아. 막 그러고 있는데 영화배우 장혁 씨가 들어와 가지고 나를 쳐다보고 막 웃으면서 "날라가 버렸냐?" 그래. 그걸 누가 주워갖고 왔는데 장혁 씨가 그걸 고쳐 주는데 창피해서 죽을 뻔 했어. 지금도 그 생각을 하면 아찔해.

상모 증자에 레지 끼우는 거, 그게 처음 나와 가지고 내가 처음 썼는데 그게 고정이 잘 안 되었던가봐. 처음에는 돌려 넣는 게 아니고 고정해서 끼우는 거였을 거야. 근데 하도 자극을 받으니까 증자가 떨어졌나 봐. 그 후에 나사처럼 돌려 끼우는 게 나왔어. 내가 그때 상상을 하면 지금도 아찔해. 내가 아주 죽는 줄 알았어. 창피해서 혼났다니까. 그때가 68년도나 됐나 보다. 왜냐면 일본 가기 전인 거 같애. 일본 갈라고 서울에 가서 계속 연습하고 그러고 있었을 때야. 우리 67년도 사진 있잖아. 그게 단체 마지막으로 다니면서 그 이후에 부산에 가서 깨졌어, 구포에서. 떠날 사람은 떠나고 혹시나 싶어서 단체가 구포에서 겨울을 나고 그래도 안 되어가지고 우리가 헤어졌을 거야. 그러고 내가 서울에 올라간 거 같애, 68년도에.

**국악예술학교에서 :**

**이금조 씨, 예술학교에서 나한테 점프 가르쳐주고, 그 오빠한테서 배웠거든.**

노 내가 여자로서는 자반뒤지기 점프를 최초로 한 사람이야. 아까 금난이하고 나하고 서울 예술학교에서 금조 오빠한테 강당에서 점프를 배웠어. 그래갖고 나 몇 번 푹 올라갔다가 툭 떨어져갖고 기절한 적도 있고 그래. 그거 점프 연습하다가. 남자들이 점프 그거 했었잖아. 여자들은 두루거리만 했지 팍팍 뛰고 그러지는 않았잖아. 내가 그걸 했다니까. 학교 끝나고 강당에서 내 친구 금난이하고 둘이 맨날 그거 연습했어. 몇 개월을 했는지 몰라, 그 점프만. 그게 그리 쉽지 않더라고. 그게 굉장히 인기 있었어. 나는 열다섯, 여섯 살 때, 한창 몸이 날렵할 때지. 몸이 발육이 되면서 성장기에 몸이 자기 마음대로 되는 거야. 나이가 먹어서는 안 돼. 보통 유명한 사람들 다섯 살, 여섯 살 때부터 발레 배우고 그러잖아. 몸이 그때부터 만들어지는 거야. 성장하면서 같이. 나이 먹어가지고 하라고 하면 못해. 내가 점프를 숨 한번 안 쉬고 다섯 여섯 바퀴씩 돌았다니까. 내가 그걸로 인기 였어. 서울에서도 소고 노영숙하면 짱이야. 용순 언니가 채상을 잘 하고 힘이 좋아서 두루거리를 잘 하는데 점프는 나한테 못 당하지. 점프는 못해. 용순이 언니가 나보다 나이가 많아. 한 다섯 살 정도.

우리는 특기생이기 때문에 그때 학교가 중학교인데 학원 비슷했지. 학교 설립이 안 되어 있었어. 인가가 안 났었어. 이쪽에서는 중학교가 되어 있었고 국악예술학교, 근데 이문동으로 이사를 가면서 고등학교가 생기게 된 거야. 여기서 학문적인 수업을 받은 게 아니고, 우리는 특기생이기 때문에 연습하고 국악 공부 배우고.

권 단체에서 도야하듯이 수업내용이 실기 중심으로?

맨 오른쪽 남성이 전사섭의 아들인 장구 명인 전수덕

노 그렇지. 실기 중심으로 했지. 그때 국악학교에 김덕수 씨, 전수덕 오빠 다들 있었어. 다 외국 공연 다니고. 전사섭 씨 아들이 홍콩배우 같이 생겼잖아. 전수덕 오빠가 매력이 있어. 그때 전수덕 씨하고 김덕수 씨하고 같은 또래고 친구고 맨날 눈만 뜨면 같이 붙어 다니고, 전사섭 씨 집에 와서 하루에 한번씩은 붙어서 살았으니까. 그때 당시에 수덕이 오빠는 진짜 인기 많았어. 무대에서든 어디든. 인물도 잘 생겼고 여자들한테 인기도 좋았고. 김덕수 씨는 똘똘해, 야물고. 아주 그냥 암팡지지. 수덕이 오빠는 그때 이 머리카락이 생명이야. 휘날리는 머리. 그때 경찰이 장발을 잡으니까 맨날 밤중에 골목골목 단속 피해서 집에 오는 것이 일이고.

권 전사섭 선생님 사진은 어떻게 갖고 계신 거예요?

노 몰라. 내가 어디에서 갖고 왔어. 야유회가서 농악하시는 거 같애.

권 저는 인터넷에서 전사섭 선생님 후두둑 하는 거 보고 진짜 신기하데요. 연세가 많으셔서 연풍대는 못 도시는데 어떻게 그렇게 하시는지. 입으로 후두두둑 해도 그렇게는 못 따라갈 거 같애요.

노 수덕이 오빠도 그랬어. 아버지가 전희 언니하고 많이 닮았어, 딸. 전전희인데 전희 언니라고 불러. 아버지하고 그 언니하고 모습이 웃으면 매력적이야.

권 그때가 오사카 가기 전이잖아요? 춘향단체 없어지고?

노 그러지. 그때는 낮밤 할 것 없이 이금조 씨, 그때는 오빠라고 했었는데 지금은 선생님이지. 진주농악. 언젠가 전화해서 얘기를 했더니 나를 기억 못 하더라고. 예술학교에서 나한테 점프 가르쳐주고, 그 오빠한테서 배웠거든. 그때 열여섯 살. 그때는 여자들이 그렇게 점프를 하는 사람이 없었어. 나하고 죽은 금난이하고만 둘이 했어. 점프를 배우는데 그게 그렇게 어렵더라고. 점프 하면서 올라가다가 자칫 잘못해서 그대로 그냥 떨어지면, 기절한 적이 몇 번 있어, 내가.

권 예술학교에서 만났던 사람들, 동료들 생각나는 사람들 있어요?

노 거의 서울 애들인데 가만 보니까 애들이 인물도 좋은 애들이 많이 들어왔어. 그때는 중학교 시험 쳐서 들어갔잖아. 다 떨어져가지고, 졸업장은 받아야 되니까 그냥 들어와 있어.

권 선생님은 중학교 과정에 특기생으로 들어가신 거죠?

노 그렇지.

권 전사섭 선생님이 그때쯤에 직업이 공무원으로 되어 있고, 예술학교 선생님이었지요?

노 응, 선생님이셨어. 계셨어. 박귀희 선생님이 설립한 거잖아. 박귀희 선생님, 박초월 선생님 이런 분들이. 우리나라 국악계에서 박귀희 선생님은 참 훌륭하신 분이야. 그분 경상도 분이야.

권 칠곡 분이시더라고요. 찾아봤어요.

노 박귀희 선생님이 경상도 말을 하셔. 그런데 그분이 앞을 내다보는 그런게 있으셨어. 수많은 민요를 작곡하실 정도면 그분 머리가 대단하신 거야.

권 선생님 예술학교에는 얼마나 계셨어요? 전사섭 선생님 집에서 먹고 자고 하실 때죠?

노 그때 나는 전사섭 씨가 올라오라고 했어. 시골 어느 단체에서 공연하고 있을 때 오셔가지고 "너 올라와라." 그래서 내가 명함인가 주소인가를 적고 연락을 해가지고 올라가게 됐던 거지. 전사섭 씨가 올라오라고 해서 간 거야.

권 농악 하는 사람 말고는 또 기억나는 사람들 없어요? 선생님 또래에?

노 무용하는 애들 있었지. 최금정이 있었고 최희경이 있었고 다 기억은 안 나는데. 일본에 산다는 말도 있고, 걔네들이. 그때 한영숙 선생님도 북 가르치셨거든, 예술학교에서.

권 일본에 공연 간 팀들이 대부분 박귀희 선생님의 예술학교 선생님들 하고 특기생들이 많이 있었겠네요?

노 그렇지. 한영숙 선생님은 오사카 만국박람회 하실 때 그때만 참여를 하셨어. 순회공연 처음 할 때는 같이 안 다니셨고 오사카 공연할 때 그때

장구 명인 전사섭

오셨지. 한국관 오픈식 때 그때 오셨어. 채상묵 선생님은 두 번째 갔을 때. 그때는 강선영 씨가 계셨어. 강선영 씨가 무용단 단장이야. 71년인가 72년도. 무용단 단장은 강선영 씨, 거기의 제자가 채상묵 씨. 그니까 큰 선생님이 있고 그 밑에 총괄하는 부 선생님이 계시잖아. 그분이 채상묵 씨야. 참 잘 생겼었어, 날씬하고.

**1970년 오사카 만국박람회 :**
**산업이라고 해봐야 보여줄 것이 없고, 우리가 공연으로 죽였다고.**

권 그때 나이로 치면 열여섯, 중학생 나이밖에 안 되는데 혼자서 그러고 다니셨어요?

노 우리 엄마가 어쩐 줄 알아? 서울에 갔다와가지고 일본을 가는 오디션에 내가 합격을 한 거야. 50명이 시험 봐서 46명이 합격을 했어.

권 전사섭 선생님이 그 오디션도 보라고 한 거예요?

노 그럼. 처음에 그래갖고 갔는데, 나하고 금난이하고 합격이 됐어. 금난이가 나보다 한 살 많지. 나는 최연소자야. 그때 유지화 언니, 용순 언니, 오디션 보고 합격을 했어. 일본 가는 수속을 해야 되니까 전사섭 선생님이 가서 호적등본을 띠어오라는 거야. 그때는 호적이 있는 데 가서 떼어야 됐어. 내가 호적이 진안 성수면이야, 구신리. 옛날에는 남원에서 임실 관촌을 가가지고 거기서 버스를 타고 들어가서 진안 성수면을 가야돼. 내가 우리 엄마한테 가가지고 "엄마, 나 일본을 가야되겠으니까 호적등본을 좀 해달라고." 그러니까 우 리 엄마가 깜짝 놀래네. 옛날에는 연락선 타고 가면은 안 왔잖아.

권 아 맞아, 옛날 일제시대 때.

노 우리 엄마가 나를 붙잡고 못 가게 하는 거야, 일본 가면 못 온다고. 연락선 떠나면 언제 올지도 모르고 그런 시대가 머리에 딱 있는 거야, 우리 엄마는. 그래갖고 "나는 딸이 하나뿐인데 네가 어디를 가냐고? 가서 언제 올지도 모르고 안 된다고." 우리 엄마가 나를 붙잡고 울고 불고, 가지 말라고. 일본이라는 곳을 어릴 때부터 교육을 그렇게 받았잖아. 우리 엄마 때는 '일본 가면 못 온다, 연락선 타고 가면 못 온다.'는 이게 딱 새겨져 있는 거 같애. 몇 날 며칠을 울고불고 못 간다고 하면서 안 해줘. 그래 내가 살짝 도망을 가갖고 엄마가 안 해주니까 진안을 물어물어 버스를 타고 갔어. 근데 내가 면사무소에 늦게 도착을 해가지고 되돌아 나오는 차가 없는 거야. 그래갖고 호적등본은 떼었는데, 면사무소에 담당하는 아줌마인가 아가씨인가가 방을 얻어놓고 계시더만. 그래갖고 "우리 집에 가서 자자." 그때는 나도 어리니까. 그래갖고 호적등본 떼 갖고 서울에 가서 수속을 하고 일본을 갔잖아.

우리 엄마한테 일본에서 편지를 보냈어. 일본에 갔다고 편지가 오니까 우리 엄마가 깜짝 놀래가지고 우리 오빠를 붙잡고 울고불고 난리났어. 엄마가 써갖고 편지를 부치면 도로 오고 자기가 쓴 거 다시 오고. 그때는 우편엽서 같은 게 길게 있어. 거기에다가 빽빽하게 써서 하나로 딱 접어갖고 무게를 달아가지고 보내거든. 아주 얇은 종이야. 형태가 있어갖고 딱 접으면 엽서처럼 되어 있어. 거기다가 편지를 쓰는 거야. 근데 한 달이나 지난게 우리집에서 뭔 편지가 왔어. 보니까 받는 사람을 잘못 쓴 데다가 우표도 잘못 붙여가지고 자기가 쓴거를 도로 받고 도로 받고 그랬대. 하여튼 내가 일본을 갔다 오니까 우리 엄마가 안심을 하고 그랬지. 처음 갈 때 우리 엄마가 얼마나 울었다고, 못 가게.

현해탄을 건너고 이런 거를 상상을 못 했단 말이야.

그니까 우리가 일본을 갈 때 비자를 받을라면은 며칠씩 반공 교육을 받고, 거기서 소양 교육이라고 그러거든. 소양 교육증을 받아야 여권 신청을 하고 비자 신청을 하고. 여권 나오는 것도 쉽지 않았어. 소양 교육을 이틀인가 삼일인가를 받았어. 그걸 받고 증을 갖고 가야 여권이 나왔고. 옛날에는 중앙청에서, 청와대 있는 데 중앙청 있잖아, 앞에. 지금은 기념관으로 두고 안 들어가지만 옛날에는 그쪽으로 들어갔었다고. 중앙청에 가서 여권을 받으러, 다 데리고 가. 혹시 가짜일까 봐 얼굴 다 보여주고 다 면담하고. 얼굴 이 사람 맞나 안 맞나 확인하고 여권 주고. 하여튼 내가 생각하기에는 일 년 걸리다시피 했어, 수속하는데. 오래 걸렸어, 좌우지간. 우리 싹 모여 갖고 가는데도 재밌었구만. 일본 땅에 딱 발을 디뎠을 때, 재밌었어.

그때 유지화 언니, 용순 언니, 징치는 언니는 영순인가 그래. 이름이 용순이하고 영순이하고 비슷해. 김영순인가 그 언니, 금난이하고 나.

1969년 국제공인예방접종증명서와 노영숙의 여권

1969년 노영숙 여권 내부 사진

권 그분들은 전사섭 선생님이 팀을 만든 거예요?

노 그럼. 상쇠는 유지화 언니, 설장고는 전사섭 씨, 징은 영순 언니, 소고는 용순 언니, 금난이, 나. 여섯 명이다. 남원에서 공식적으로 해외로 단체를 간 거는 내가 최초였어. 그니까 일본 갔다가 딱 돌아오니까는 강선화 씨가 나를 달리 본 거지. 그때부터 대접이 확 바뀐 거야, 나한테. 갔다 오니까 나 대단하다고 칭찬을 막 줘서, '왜 저러지? 갑자기 나한테?' 전에는 그 집 양딸 중에 내 친구가 있어. 우리 엄마 없을 때 내가 살짝 개네 집에 가서 자고 그랬거든. 내 친구가 영숙이 왔다고 그러면 강선화 씨가 막 뭐라고 하고 그랬대. 그랬는데 내가 일본 딱 갔다 오니까 대접이 갑자기 바뀐 거야. 그전에도 개인적으로 외국에 공연을 간 사람도 있겠지. 그런데 공식적으로 우리나라를 대표하는 단체로서 갔기 때문에 대단한 거잖아. 그래서 남원에서는 최초지, 내가.

오사카 엑스포 70 농악팀 사진
(왼쪽 아래부터 시계 방향으로 유지화, 전금자, 김영순, 김용순, 박옥경, 노영숙, 정금란. 맨 뒤 남성은 재일교포, 앞의 중년 여성은 그의 부인이다.)

권 엑스포, 오사카 엑스포 70, 신문에 다 나고.

노 우리나라에서도 신문만 난 게 아니라 영화관 뉴스, 대한 뉴스에도 나오고 그랬지. 대단했지. 사실은 우리나라에서는 갖다 놓을 게 아무것도 없어, 한국관을 보면. 내가 그걸 어디다 뒀는데, 미국관에서 스탬프 찍은 거랑 다 있어, 나한테. 그때 당시에 미국관 구경 갔는데 두 시간, 세 시간씩 걸려. 우리 단체가 하루 관광하는 날이 있었어, 엑스포에 와서. 근데 어마어마해. 우리 한국관만 볼 것이 없어. 우리 산업이라고 해봐야 보여줄 것이 없고, 앞에다가 거북선 하나 딱 만들어놓고 그 안에는 박물관에서 갖고 온 옛날 유물 같은 거 갖다가 놓고. 고무신은, 인터넷 찾으면 나와. 말표 신발. 우리나라 최초로 말표 신발이 박람회, 엑스포 70에 나갔다고 나와. 인터넷 쳐봐봐. 그거 동영상도 어디 있어. 빨간 꽃신이야, 그게 고무신인데. 거기에 딱 찍혔어, 엑스포 70 기념이라고. 오죽 내놓을 게 없으면 그런 것을. 그래서 우리가 공연으로, 하루에 3회인가? 공연으로 죽였다고. 그때 46명인가 했으니까. 어마어마하게 많이 했지.

권 전체 단장이 그때 박귀희 선생님이었다고요?

노 우리 농악에는 전사섭 씨가 맡고 무용에는 한영숙 씨인가, 그때 한영숙 씨가 와서 북 쳤어. 하여튼 하루 종일 공연 했던 거 같애. 볼 게 없으니까. 우리만 나가면, 더더구나 농악은 확실히 세계적인 음악이야. 어디다가 내놔도 듣는 사람 몸이 절로 놀잖아. 그게 희한해. 그래서 내 평생 못 잊지만은, 그때 그 자부심이 어마어마했고 또 가장 긴장하고 떨었어. 그때 3월 15일 한국관 오픈날에 오사카에 약간 눈이 왔어. 춥고 떨리고, 아침 몇 시부터 나가서 공연을 했는가 몰라. 오픈하니까 오픈 테이프를 끊는 거니까 각국 나라 대표들을 초청해서 오는 거야. 그니까 내가 많이 떨었어. 각국 대표 앞에서 해본 적이 없잖아. 그래갖고 잊혀지지가 않지, 평생을. 그리고 미국관에 아폴로 11호가 와 있었어. 놀란 게 뭐냐면 밥 대신에 캡슐을 먹고 하는 게, 그때 당시에는 상상도 못 했을 때라. 69년도에 아폴로호가 갔다 왔잖아. 우리 대한민국에서도 텔레비전에 막 나오고 그거 한국에서 봤는데 일본에 와 있는 거야, 아폴로호가. 미국관에 갔는데, 얼마나 놀랬겠어. 칼라 영상으로 다 나오고. '역시 미국은 다르구나.' 달나라에 착륙한 거 겅중겅중 뛴 거 이런 게 다 나오고 있으니까 미국관이 인기가 최고였지. 거기 들어 갈라고 두 시간 세 시간씩 기다리고 있어. 나한테는 강렬하지. 평생을 못 잊는 거지, 그 장면은.

**일본 순회 재일교포 위문 공연 ①:**
**전국을 다 다녔어, 일본 북해도, 삿포로, 아키타, 안 다닌 데가 없어.**

노 식당에서 내가 앉을 자리가 없는 거야. 이쪽에 전사섭 씨하고 우리 선생님들하고 앉아서 밥을 먹을라고 있는데 "나는 어디 앉아?" 그랬더니 김일 선수가 얼른 자기 옆에 의자를 가져와가지고 "아가씨 이리로 앉아." 의자를 주시는 거야. 나는 너무 좋아가지고. 그때 레슬링 선수 하면은 우리나라뿐만 아니라 일본에서도 김일 선수는 아주 끝내주는 사람이었어. 70년도 그때는. 69년도에서 70년도 그 사이에 있었던 일이야. 오사카에서 공연을 했지만 프로덕션은 도쿄야. 박귀희 선생님 프로덕션이야. 그때 처음으로 김일 선수 손을 만져봤어. 악수를 하는디, 나를 이리로 앉으라면서 빨깡 들어다가 앉혀놓는 거야. 근게 내가 열다섯, 여섯 살 먹었으니까 애기지, 자기가 봤을 때는. 근데 귀를 이렇게 딱 보니까 귀가 뭉텅귀야. 그런 거 처음 봤어. 가까이에서는 처음 보잖아. 손도 보니까 그냥 손이 아니고, 무쇠라고 해야 될까? 딱딱해서 뭐를 많이 해서 막 딱딱해. 덩치는 되게 크잖아. 그니까 그런 기억들. 또 장훈 선수, 야구선수, 재일교포 야구선수. 하리모토라고 장훈 선수 있어. 재일교포인데 일본에서 최고의 야구선수였잖아. 70년대에서 80년대 일본에서 하리모토야. 그 사람도 만나가지고 손을 만져봤는데, 손바닥 가죽이 딱딱한 무슨 나무 같애. 하도 배트를 쥐어가지고 손바닥이 딱딱해.

그러니까 나는 어렸을 때부터 유명한 사람 다 봤고 다 만나봤고. 지금도 잊어버리진 않는 게 김정구 선생님, "두만강 푸른 물에" 부른 김정구 선생님이랑 처음 일본에 같이 갔잖아. 우리가 탁 무대에서 리허설을 하고 있는데 큰 온천 같은 데인데 우리 단원들이 다 갔어, 그 몇 십 명이. 무지하게 커, 하와이랜드 같은 그런 데야. 근데 막 리허설을 하고 있는데, 객석에서 김정구 선생님이 쳐다보고 있고 그랬어.

권 그분은 그때 연세가 많으셨겠네요?

노 연세가 많으신데 인기가 참 좋았어, 재일교포들한테. 인기가 교포들한테 얼마나 많은지 술집에 가서도 인기가 좋고. 입담이 그렇게 좋아. 아주 남자고 여자고 다 녹여버려, 입으로. 그렇게 입담이 구수해. 근데 고운봉 선생님은 또 완전히 반대야. 그렇게 얌전해. 팬이 선물 주는 것도 부담스럽다고 그러고.

권 지화자 씨나 이은관 선생님 같은 국악인들하고 대중가요 가수들이 같이 무대를 만드는 기회가 많지 않을 것 같은데요? 그때는 그게 자연스러웠나 봐요?

노 그거는 재일동포 위문공연이기 때문에, 같이 뽑아서 한 단체로 묶어서 다니기 때문에 자연적으로 어울리지. 차도 같이 타고 다니고. 그런 공연을 전국을 다 다녔어, 일본 북해도, 삿포로, 아키타, 안다닌 데가 없어.

권 그럼 처음에 70년도에 들어가셔서 얼마 동안 일본에서 다니신 거예요?

재일교포 위문공연 당시
(왼쪽부터 경기민요 명창 지화자, 가수 고운봉, 노영숙, 서도민요 명창 이은관)

노　4개월인데, 4개월 동안에 매일 공연을 다녔으니까, 이동하면서. 동경에 와서 쉰 날이 하루 이틀 쉬었나.

권　플랜카드에는 뭐라고 써 있어요?

노　재일동포 위문 공연. 내 사진이 어디에 있을 거야. 어딘가 사진이 있어. 두 번째 갔을 때는 박귀희 선생님이 쇠를 치셨거든. 창하는 애들이 별로 없으니까, 박귀희 선생님이 "저 쑥국새가 울음 운다.", 이렇게 파트를 나눠서 하는 거 있어, 농악을 치다가. 그거 안무를 박 선생님이 해가지고 하는데 둘씩 나가가지고 하는 거 있었어. 박 선생님이 쇠 치신 적 있어, 72년도인가 3년도에.

권　그때는 일본에 또 나중에 들어갔을 때에요?

노　박 선생님이 그때 일본에서 프로덕션을 했었거든. 남편이 히라노마 상,

교포야. 교포인데 박귀희 선생님 남편이 프로덕션을 한 거지. 일본에서, 그래서 한국의 단체를 모집해서 일본을 데리고 온 것이 그 단체야.

권 그럼 나라에서 보낸 게 아니고 개인 사업으로?

노 개인 단체. 나라에서 보낸 거는 아닌데 나라에서 관여를 해야 돼. 오사카 만국박람회니까. 개인이 보낼 수가 없잖아. 그래서 그 단체를 초청하고 관리하는 프로덕션이 박귀희 선생님 남편이 하고. 오사카 만국박람회는 국가에서 하지만 그때 기간만 국가에서 관계를 하고 나머지는 이 프로덕션에서 전국으로 순회도 하고 어떤 클럽에서 몇 사람을 오라고 하면 클럽에도 보내주고. 가수나 이런 사람들. 그러니까 엔터테인먼트사야. 딱 엔터테인먼트사. 내가 박 선생님 단체를 세 번인가 갔거든.

권 70년도 하고 또 언제 가신 거예요?

노 칠십일 년도에서 칠십삼 년도 그렇게 갔으니까. 박귀희 선생님이 나를 참 이뻐하셨어.

권 그러니까 국가에서 박람회 때 파견한 거 말고도 일본에 들어간 김에 공연단으로?

노 일본에 들어가 있는 단체 말고 또 다른 거를 할 수가 없잖아. 그때 만 해도 반공 소양교육이라고 해가지고 삼일씩 받았잖아. 일본의 큰 클럽이고 큰 무대는 우리가 다 뛰었지.

권 버스 한 대면 한 50명 정도?

노 그 정도, 우리가 46명이 합격했다니까. 그때는 서울만이 아니고 대구에서 유명한 무용 선생이 있어. 그 사람도 왔고, 많았어. 무용 선생 채상묵 씨도 같이 다녔어. 채상묵 씨는 두 번째에 다녔던 거 같애. 강선영 씨 제자잖아.

권 마흔여섯 명 중에서 농악단원이 5~6명 그랬겠네요?

노 그것 밖에 없었어.

권 퍼센트로 따지자면 9분의 1이잖아요.

노 그것도 쟁쟁한 사람들만 갔지.

권 많은 종목이 있는데 농악 하는 사람이 그중에서 그렇게 많이 간 거잖아요.

노 그런가? 아 전금자 언니도 있었다. 열두발, 전사종 씨 딸. 중간에 창으로 바꿨지만. 이 나이에 농악은 못 뛰잖아. 창으로 중간에 바꿨지만 그 언니도 갔었어. 열두발 상모. 굉장했었어, 그때는. 그니까 오사카 만국박람회 했을 때 극장 대한 뉴스에도 나오고, 오사카 한국관 개관 기념 공연에 대해 나오잖아. 기록에 있고 또 『선데이 서울』인가, 거기에도 나왔고. 코리아 뭔 잡지, 하여튼 그때는 우리나라에서 외국에 만국박람회 나와서 공연하는 게 처음이었으니까, 대대적으로 나왔지.

권 기사 봤어요, 신문에서.

노 나는 갔다 와서, 영화에 우리 농악 출연하고 그랬어. 영화배우는 아니라도 영화에도 나왔어.

권 무슨 영화에 출연을 어떻게?

노 「청춘무정」이라고, 문희하고 신성일 나오는 영환데, 그 영화가 히트는 못 쳤어. 김수용 감독이 했었거든. 거기에 있고 나 TBC에도 출연했었어. 옛날 동양방송, 농악으로. 전사섭 씨가 장구 치고. 돌아가다가 넘어졌어, 내가. 생방송이잖아.

권 언제예요? 70년대예요? 동양방송 생기고 나서?

노 그때가 배일집 씨가 장쇠로 나왔거든. 「장화홍련전」에 배일집 씨가 장쇠, 장화홍련이 오빠로 나왔어.

권 창극하는 데에요?

노 그런 거였던 거 같애. 자세히는 모르는데 옛날에 내 고향 얼씨구인가 그런 프로였던 거 같애. 그때가 69년도인가, 8년도인가. TBC가 종로 비원 앞에 있었을 때. 아냐, 비원 앞이 아냐. 시청 앞에 있었을 때.

권 그래갖고 텔레비전 방송도 하시고.

노 그래도 서울에 있을 때는 내가 왔다갔다 날렸어. 연예인 축구대회도 공연하러 다니고. 나는 기록을 안 해놔서 그러지 뭐 많아. 걸스카우트 대회 그런 데에서도 공연 많이 했고. 용배랑 다니면서 많이 했고. 세계 걸스카우트, 그것도 자료 찾으면 있을 거야. 68년도 9년도 자료, 세계 걸스카우트가 우리나라에 다 왔어. 우이동인가 어딘가에서 다 텐트 치고 다 했을 때 그때 공연도 하고. 나 기록에 많을 텐데 내가 몰라.

권 그렇게 김용배 선생님이랑 공연하실 일도 있었네요.

노 용배랑 같이 했어.

권 농악이 다르잖아요. 그분들이 하는 거랑. 별로 문제가 없어요?

노 달라도 길게 하는 게 아니라 잠깐 하는, 몇 소절씩 몇 소절씩 해서 끝나니까.

권 그러면 삼채 같은 걸로 해가지고?

노 응, 잠깐 하고 마니까. 길게 하는 게 아니니까.

권 선생님은 소고를 하시고?

노 나는 그냥 따라만 댕기면 돼. 내가 리더가 아니니까.

권 거기에서 반주해주면 반주 맞춰서 하시고?

1970년 한일협정 5주년 기념 특별친선공연 연회장 앞에서

노 그럼. 연예인 운동회에도 농악 우리가 나가서 하고. 크고 작은 기록들이 많아. 그런데 내가 그런 걸 기록을 안 해서 모르고. 아까 그 극장 공연 무료잖아. 사진 보면 "한일협정 5주년 기념 특별 친선 공연 입장 무료" 이렇게 무료였어. 조총련들도 다 와, 구경하러. 그러면 공연 끝나면 걔네들도 반가우니까 나한테 와가지고 "동무, 수고했어." 막 난리를 해. 그러면 내가 "아니요, 동무 아니요, 친구요." 하고 도망가. 교육을 그렇게 받아갖고 동무라고 하면 질겁을 해갖고 도망가는 거야. 하여튼 매사에 조총련들하고 안 부딪힐라고 노력을 많이 했지.

## 일본 순회 재일교포 위문 공연 ②:
## 여기는 외국이야. 일본 사람이 봤을 때는 네가 대한민국이야.

노 우리 일본에서 공연할 때 에피소드가 많아. 일본에는 우리나라보다 발전된 게 뭐냐면 무대가 밑으로 내려가는 무대가 있어. 우리가 실제로 겪은 일이야. 박귀희 선생님 단체에서 일본 어디 지방 극장이었는데, 그때는 가수가 있으니까 밴드가 있는데 이 밴드가 오케스트라 같애. 한 30명이 보통 기본으로 있어. 근데 리허설을 하잖아. 리허설을 하는데 우리가 무대에 서 있으면 무대가 샥 올라와서 공연을 하고 마지막 끝날 때 무대가 내려가는 거야. 근데 통역을 잘못 해가지고, 그때는 채상묵 선생님도 있었고 누구도 있었는데 하여튼 일본 말을 잘 하는 것도 아니고 알아듣는 거는 알아듣고 모르는 거는 모르고. 일본에서는 인사를 세 번을 해. 왼쪽, 오른쪽, 가운데. 이렇게 세 번을 해. 출연진들이 마지막에 무대에 쫙 서잖아, 다 나와서. 그러면 무대감독은 "무대에 그대로 있어라. 무대가 밑으로 다 내려가면 그때 싹 나와라." 그렇게 얘기를 했는데, 우리 듣는 쪽에서 뭐라고 들었냐면 "인사가 끝나면 무대가 밑으로 내려갈 테니까 그 전에 무대에서 나와라." 이렇게 들은 거야. 우리는 그렇게 알아들었어.

인사가 딱 끝나니까 무대가 밑으로 내려가네. 그러니까 얼른 나와야 될 거 아냐. 막 뛰는 사람, 다다다 양쪽으로 막 뛰고. 근데 미처 못 나와서 '어어어, 들어가네.' 하면서 잡아당기고. '어떡해, 어떡해.' 가랑이가 걸쳐져 있고. 개판이 돼버린 거야, 개판이. 그래가지고 난리가 났네, 무대감독하고. 무대 막도 안 내리고 객석에 사람은 다 있는데. "가만히 있어라. 그러면 커튼이 닫히면서 무대째로 밑으로 내려가니까 그때 나가라." 그 말이었는데 "무대가 내려가니까 그 전에 나와라." 이렇게 알아들은 거야. 난리가 났잖아. 끝나고 미팅을 당해가지고 얼마나 혼이 났는지 말도 못해.

그리고 우리는 지금도 기억나는 게 박귀희 선생님이 우리를 뭐라고 그러면 큰 강당에다 놓고 딱 앉아서 뭐라고 하시네. 우리는 애국심에 대한 교육을 얼마나 가르쳤는지 몰라. 그리고 또 어떤 일이 있었냐면 화장실 양변기를 써봤어야 말이지. 그러니까 어떤 한 사람이 신발을 신고 올라가서 일을 본 거야. 그것 때문에 미팅이야. 전부다 오라고 해가지고 강당에서. "너희들이 너 한 사람은 그냥 사람이야. 근데 여기는 외국이야. 그럼 너 한 사람이 일본 사람이 봤을 때는 네가 대한민국이야. 너 하나가 대한민국을 대표하는 사람이야. 그러면 너 하나 때문에 대한민국이 욕을 얻어먹어." 그렇게 가르치는 거야. 그러니까 행동을 조심해라. 말 한 마디, 걷는 거, 모든 행동 하나하나 조심해야지. 네가 대한민국 대표다. 그 말이 맞잖아. 딱 앉혀놓고 미팅을 해.

권 박귀희 선생님보다 연세가 많은 분들은 없었어요?

노 많다고 해봐야 전사섭 씨하고 박 선생님하고 비슷할 걸? 그때 명동극장, 명동극장 유명하잖아. 최고로 쳐줬어. 그 극장에서 50명이 오디션을 봤는데 46명, 네 명이 떨어졌구나. 떨어지고 46명이 합격을 해가지고 박귀희 선생님 단체로 가게 됐는데. 하여튼 가요에서부터 다합쳐서 46명이야. 어린애들은 인자 나랑 해서 몇 명이나 될까? 그래도 제법 있었어. 그 외에는 다 어른들이고. 강선영 씨도 있었고 채상묵 씨도 있었고, 유명한신 분들 많았지. 어른들 빼놓고 애들끼리, 최금정이도 일본에서 시집가서 살고, 우리 예술학교 애들. 최경희, 최금자, 대구에서 온 애들도 있었고. 걔들은 무용. 다 기억은 안 나는데 하여튼 잘못했다고 하면 다 미팅이야. 내가 그렇게 교육을 받아서, 내가 책임진 애들은 일사불란하게 움직여. 딱딱 역할을 분담을 시켜. 그런 교육을 다

한국민속가무예술단 특별공연
(전립을 쓰고 앞자리에 앉아 있는 사람이 박귀희 선생이고, 채상모를 쓰고서 있는 사람이 노영숙이다.)

박귀희 선생님한테 받은 거야.

우리가 어렸을 때 누구를 만나냐에 따라서도 자기 일생이 좌우 되는 거고. 여성단체에서는 한종식 씨, 한 단장님. 그분이 잘 생기기도 했지만 상당히 유식하신 분이야. 딱 우리 앉혀놓고 무릎 꿇으라고 그래. 아 그거 싫어. 몇 시간을 그러면 다리 쥐가 나. 아파죽겠어. 몇 분에 끝나는 게 아니라 보통 한두 시간은 기본이야. 잔소리를 해쌌는 게. 인간이 해야될 도리를 가르치는 건데 그때 우리는 그걸 아냐고. 모르잖아. 몇 마디 하고 말면 되는데, 어떻게 살아야 될 것인지 그런 얘기를 장장하게 늘어놓으니까 힘들지, 그때 당시는. 근데 내가 자라서 어른이 되고 사회생활 하고 하면서 그분들의 영향이 있더라 이 말이야. 교육의 영향이 있다는 얘기지. 그러니까 어디 가서 허튼짓 안 하고 남한테 욕 안 얻어먹게 생활 할라고 노력하는 게 그런 분들의 영향이 있어.

박귀희 선생님은 미팅에서 그렇게 엄하시고 그러지만 사적으로는 얼마나 또 잘해주시는지 몰라. 나를 그렇게 이뻐하셨어. 참 훌륭하셔. 우리나라 국악예술학교가 생기기까지는 박귀희 선생님 노력이 많이 있었어. 그 학교가 생기기 시작할라고 할 때는 이승만 대통령 때 그때는 비원 앞에, 어디 책에도 나오잖아. 박초월 선생님하고 몇몇 분들이 뜻이 합해져가지고 처음에는 학원 비슷하게 생겼고. 내가 알기로는 비원 앞에 있을 때는 중학교까지 있었고, 고등학교가 이문동으로 정식으로 인가 나서 학교가 생기면서 거기서 예술 고등학교가 생겼어. 그것이 중앙예술대학교까지 생기게 된 계기가 된 거지. 박 선생님이 참 현명하시고 훌륭하신 게 후배들을 가르쳐야 된다는 거를 굉장히 깊게 생각하셨고 자기 사재를 털어서, 운당 여관 팔아가지고 중앙예술대학교에 기부를 많이 했던데. 대단한 분이야. 말씀하시는 거는 걸걸하시고. 생긴 모습은 여성적이신데 하시는 일은 남성적이야. 굽힘이 없고 할 말씀 다 하시고. 경상도 어딘가 그래. 경상도말 하셔. 경상도 분이 또 그렇게 창을 하고 국악을 한다는 것도 드문 일이고. 경상도 출신이야.

### 1970년대의 활동 ① :
### 노영숙이가 얼마나 채상을 잘 했냐면 나는 어디를 가나 채상 하나면 끝이었어.

노 백구단체, 백구여성농악단을 내가 간 적이 있어. 일본 갔다 와서. 김영규 씨가, 정분이 아버지가 한 달을 넘게 쫓아다녔어, 나를. 왜냐 면 간판스타로 쓸라고. 그때는 그게 유행이었거든. "누구누구 동남아시아 공연을 마치고 귀국하다."

권 그게 진짜 그런 일이 있었다면서요? 나는 그게 그냥 하는 말인 줄 알았더니 진짜로 간판에 써서 붙였다면서요?

노 간판에 내 이름이 "일본 오사카 EXPO 만국박람회 공연 마치고 돌아오다. 노영숙." 있었다니까.

권 그러면 극장 앞에다가 그걸 써 붙여요? 영화 간판 붙이듯이?

노 그럼. 그게 간판, 선전이잖아. 그래갖고 백구단체를 몇 개월 다닌 적이 있어. 한 달만 다니고 가라고 그러더니 몇 달이 가도 안 보내 주는 거야. 그래갖고 결국 춘천에서 도망가 버렸지.

권 그럴 때는 계약서를 써요? 아니면 말로 그냥?

노 그런 거 없어. 말로. 지금처럼 말로 똑부러지게 계약서 쓰자, 이런 거 없어. 케라도 그때 당시에 오천 원씩이었어, 한 달에. 그랬던 거 같애. 최고의 돈이었어.

권 하긴 선생님 그 전에는 춘향단체에서는 월급도 안 받으시다가 백구에서는 케라 받으시고. 그래가지고 간판에다가 이름 써 붙이고.

노 간판에다 쓰고, 간판스타였어.

권 진짜 간판, 말 그대로 간판스타구나. 간판에다가 쓰는.

노 그걸 하기 위해서 나를 한 달을 좇아댕겼다고. 안 간다고, 나는 그런 단체 안 간다고. 이미 나는 외국 갔다온 데다가 서울 물을 먹었기 때문에 내가 싫은 단체 가겠냐고. 안 가지. 그런데 좇아다녀. 그때가 남원 4월 초파일에 단체가 들어와 가지고 우리 집에 계속 좇아 온 거야. 계속 섭외하러 온 거지. 하도 와서 사정을 하니까 그럼 한 달만 봐주겠다, 하고 갔는데 몇 달이 되어도 안 보내줘. 그래갖고 춘천에 가서 도망간 거야. 그때 강병철 씨랑, 선희랑 같이 있었어. 이부산이 있었고, 정분이도 있었고.

권 이부산 씨 아버지도 계시고?

노 응. 다 다녔어. 이부산이 동생이랑 다 다녔는데.

권 이부산 씨 동생도 장구 쳐요?

노 아니, 상모 했었어, 잠깐. 계속은 안 하고. 이름도 잊어버렸는데, 희미한 기억들이야. 그래갖고 서울로 도망갔어. 그때가 70년도였고, 71년도인가 또 다시 일본에 갔어. 박귀희 선생님하고 단체로.

권 오사카 갔다 오셔서 또 잠깐 활동하고 다시 또 일본으로, 박귀희 선생님 팀으로.

노 가서 또 그때 전국의 극장 돌고. 박 선생님이 나를 엄청 예뻐하셨는데. 버스 타고 다니면서 껌 파는 식으로 "신사 숙녀 여러분" 해가지고 그런 거 하고 카우보이 모자 갖고 걷으러 댕기면 돈은 안 주고 맨날 먹을 거만 주고. 박 선생님이 운전석 바로 뒤에 앞에 앉아계시 는데 "어이,

자네는 이리로 와." 나를 자기 옆에다 앉혀놓고 운전수 자니까 이야기 좀 하라고, 나보고. 웃기는 이야기 좀 하라고. 내가 철도 없었지만 좀 웃기는 기질이 있어.

권 선생님 그때가 몇 살이에요?

노 열일곱, 열여덟. 내가 서울에 있을 때 만담도 할라고 그랬지, 코미디도 할라고 그랬지. 그때는 장소팔 씨 말고 김영운[2] 씨가 있었어. 고춘자 하고 김영운 씨하고. 장소팔 씨하고도 다녔지만 장소팔 씨하고 김영운 씨하고 콤비를 많이 했거든. 그래갖고 콤비를 만들어줬는데 김천만이라고 코로 피리 부는 애가 있어. 김천만. 어딘가 텔레비전에 한번 나오더라. 이제는 활동 안 해. 김영운 선생님이 콤비로 하라고 해줬는데 애가 연습은 안 하고 나한테 빠져가지고 맨날 연애질만 할라고 그러는 거야. 그래갖고 안 했어. 만담도 할라고 그랬고 코미디도 할라고 그랬고, 한 거 많아. 그때는 서울에 국악인들이 그렇게 많지 않고 종로에는 그 사람, 그 사람, 눈 뜨면 보는 사람들이기 때문에. 그때 서울에 올라가서 한참 있었지. 70년대니까.

권 그때 서울에서 방송 출연은 별로 안 하셨어요?

노 TBC,[3] 내가 얘기했잖아, 코미디언 배일집 씨하고 TBC 공연 나간 거.

권 생방송 중에 넘어지셨다고.

노 나는 그거 생방송인지도 몰랐지. 옛날에는 필름이 별로 없으니까. 그래갖고 나는 넘어져서 그냥 따라갔는데 누가 그러더라고, 텔레비전을

---

2) 만담가 김영운으로 남원국악원의 판소리 선생 김영운과는 다른 인물이다.

3) 동양방송, 'TongYang Broadcasting Company'의 약자이다. 1964년 개국되어 1980년까지 존재했던 민영방송이다.

보고. "너 왜 넘어졌어?" 여기 저기 공연도 많이 하고 출연도 많이 하고 영화배우들 축구대회할 때도 공연도 하고 많이 했는데 내가 어리니까 그런 데 관심이 없었어. 수집하고 기록하는 데 관심이 없었어. 어딘가에는 내 사진들도 많이 돌아다닐 거야. 근데 오사카 만국박람회는 기록에 있을 거야.

권 국내에서도 가수랑 연예인이랑 같이 그렇게 다니는 단체가 있었어요?

노 있었어, 장소팔 씨 단체. 장소팔 씨가 단체를 해서 다니면, 흥행 단체, 쇼 단체. 단체를 갖고 다니면, 우리는 그때 서울에서 있었는데. 장소팔 씨는 자기 단체에서 있고. 큰 행사가 또 생기잖아. 그 행사에 필요한 인원들을 요청을 하면 전사섭 씨가 우리를 데리고 가. 국악, 농악 이런 게 필요하면. 내가 전사섭 씨 집에서 자고 먹고 아버지 삼아서 있었어. 단체를 가면, 옛날에는 충무로나 명동 요쪽에 가면은 다방이나 이런 데로 단체가 모여. 소문이 나. 누구를 모집한다더라, 그러면 다가는 거야. 단체를 구성할 때. 종로에는 단성사 뒤에 백다방인가, 백봉다방인가 뭐 있어. 연예인들이 모이는 다방이 있어. 그러면 인자 그리로 가. 이번 단체는 어떤 팀들이 모여서 가자. 가수도 모집하고 국악인도 모집하고, 장소팔 씨 같은 경우에는 자기하고 고춘자를 데리고 가든지 만담하는 사람, 콤비를 데려가고. 그래서 단체 구성이 딱 되면 공연하러 가는 거야. 옛날에는 쇼 단체가 흥행을 많이 했지. 텔레비전이 나오기 전에는 쇼 단체가 극장에서 많이 했잖아.

나 한번은 이런 일이 있었어. 대전에 장소팔 씨가 우리를 데리고 갔어. 영화배우 장혁이라고 있어. 액션스타인데 그런 사람들 끼어서 가는 거야. 그분이 그렇게 인기가 있는 분은 아니야. 대전 운동장, 큰 운동장, 그때는 무대를 희한하게 만들었어. 우리가 타고 간 버스 앞에다

오사카 박람회 이전 무용가 정민의 히로시마 자택에서
(왼쪽부터 유지화, 전사섭, 김용순, 김영순, 아래 노영숙)

가 바로 무대를 만들었더라고. 그니까 버스에서 나오면 무대야.

권 재일교포나 일본인들 상대하는 국악공연이 많았어요?

노 많았어. 70년대에 많았어. 서울에 내가 일본 갔다 와서인데 거기가 대원각인가? 옛날에는 밴드 악단이 있듯이 국악 악단들도 있었어. 큰 요정 이런 데는. 지금은 한식집으로 다 바뀌었드만. 청운각, 대원각, 선운각, 삼청각, 이런 데서 아르바이트를 했거든. 관광객이 70년대에는 어마어마하게, 하루에 수천 명씩 왔었어, 일본에서. 우리 방마다 국악이 가서 뛰느라고 너무 바빴지.

권 아니 근데 홀이 그렇게 넓어요?

노 홀이 아니고 한식집인데 한 채씩 뚝뚝 떨어져 있어. 한 채씩 독채로 떨어져 있고 방은 칸이 다르고. 하루에 열 몇 개씩 방을 뛰고 그럴 때도 있었어.

권 상모, 농악을 할 수 있을 만큼 장소가 넓어요?

노 그럼. 요정인데 어마어마하게 크지. 조그만한 데서는 할 수가 없지. 점프도 돌고 그러는데, 방에서.

권 호텔 무대같이 생겼나 봐요?

노 아니 무대는 아니야. 방인데 넓어. 몇 백 명씩 받고 그래. 방석, 요정인데. 우리나라에서 삼청각, 대원각, 선운각, 청운각, 최고로 좋은 요정이야. 청운각은 청와대 옆인데 거기도 산에다가 한옥을 뚝뚝 한 채씩 지었기 때문에 독채로 하나씩 있지. 그때 당시는 관광객들이 기생관광이라고 했나? 하루에 몇 천 명씩 들어왔어. 그때는 우리 국악인들도 팀을 두 팀 정도 해. A팀 B팀 해가지고, 한 팀은 이쪽으로 가고 한 팀은 저쪽으로 가고. 바쁘니까. 이 방 저 방 뛰어야 되고, 동시에 사람들이 몰리기 시작하고 시간대가. 밤에 바쁠 때는 6시부터 9시 10시까지 뛸 때가 있거든. 두 팀씩 이렇게 해가지고, 그러니 얼마나 요정이 크냐고. 밴드들도 세 팀 네 팀인데.

권 호화 나이트클럽 영업하듯이?

노 호화 나이트클럽은 게임도 안 돼. 집이 엄청나. 산 속에 별채가 한 채씩 있는데.

권 내가 모르는 세상이 있고만요?

노 응. 어마어마해. 우리 그때 돈도 어마어마하게 벌었어. 한 방에 얼마씩. 케라는 정해져 있어. 우리 팀이 보통 다섯 명, 여섯 명 정도 되거든. 그때는 창하고 가야금 하는 사람이 있고, 나 있고, 또 대금 있고 장구 있고, 아쟁인가 있고. 하여튼 대여섯 명이 돼.

권 선생님은 주로 춤?

노 아니, 그때 당시는 농악. 그니까 노영숙이가 얼마나 채상을 잘 했냐면 나는 어디를 가나 요거 채상 하나면 끝이었어. 다른 거 할 필요도 없어. 그니까 뒤도 앞도 안 봤어, 그때 당시에는. 돌아가신 윤대봉 선생님이, 우리나라에서 최초로 가야금으로 재즈를 하신 분이 있어. 「Danny boy」도 하고, 그분 지금도 머리에 생생하게 기억나는데. 우리 전사섭 씨 집에서 살면서 뒷집에는 윤대봉 선생님 살고 앞집에는 전사섭 선생님이 살았는데, 비원 옆에서. 그분이 윤대봉 씨라고 우리나라에서 최초로 가야금으로 재즈를 하신 분이야. 가야금으로 「Danny boy」를 한다니까. 내가 맨날 보는 양반이었어. 그분이 삼청각인가 어디에서 하실 때 내가 농악 공연을 갔거든. 그분이 가야금으로 연주하고 계실 때 내가 했거든. 그니까 그분이 "야, 너 진짜 기가 멕히다. 쪼끄만한게 어찌 그렇게 기가 멕히게 뺑뺑 잘 도냐?" 그러셨던 분이거든. 일찍 돌아가셨어, 당뇨로. 그분이 가야금으로 아주 대단하신 분이었거든. 가요를 다 가야금으로 하신다니까. 사람들이 가야금으로 그렇게 한다는 것은 상상을 못 했잖아. 그니까 인기가 그것 때문에 많은 거야, 윤대봉 선생님이. 기가 멕히다니까.

### 1970년대의 활동 ② : 남원 사람들이 나를 모르는 사람들이 없더라고. 어이, 귀덕이네! 어이, 마당쇠 해쌌고.

노 국악협회에 유명하신 분이 있는데, 그분이 협회장일 때 뭔 얘기 끝에 보니까 "노영숙 씨, 밀린 회비 낼라면 돈 많이 들겠다고." 68년부터 몇십 년을 내야하니까. 그래서 "나 안 할래, 탈퇴할래." 농담처럼 그랬어.

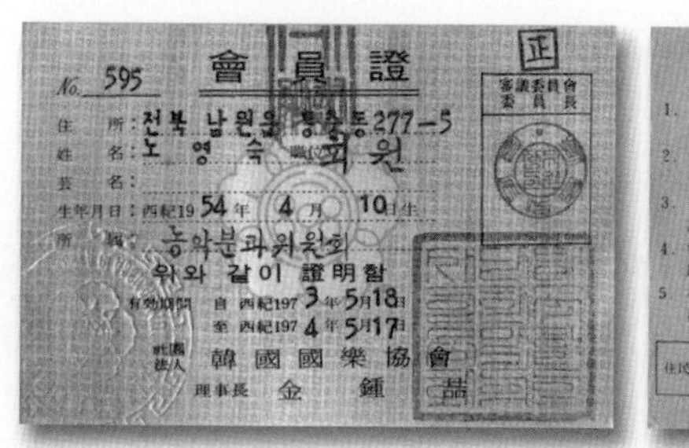
No. 595 會員證
審議委員會 委員長
住所: 전북 남원읍
姓名: 노 영 숙
藝名:
生年月日: 西紀19 54年 4月 10日生
所屬: 농악분과위원회
위와 같이 證明함
有効期間 自 西紀197 3年 5月18日
至 西紀197 4年 5月17日
社團法人 韓國國樂協會
理事長 金 鍾

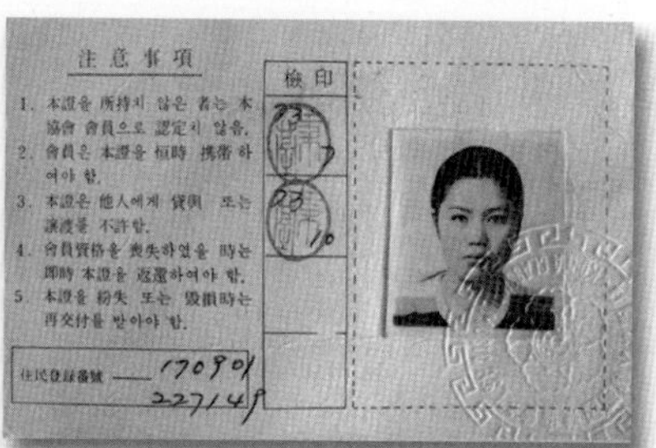
注意事項
1. 本證을 所持치 않은 者는 本協會 會員으로 認定치 않음.
2. 會員은 本證을 恒時 携帶하여야 함.
3. 本證은 他人에게 貸與 또는 讓渡를 不許함.
4. 會員資格을 喪失하였을 時는 即時 本證을 返還하여야 함.
5. 本證을 紛失 또는 毀損時는 再交付를 받아야 함.
檢印
住民登錄番號

국악협회 회원증 (앞, 뒷면)

내가 국악협회 회원이 일찍 됐거든.

권 여기는 어디에요?

노 이건 남원 광한루 안이야. 완월정.

권 이때 남원 광한루 완월정에서 뭣 때문에 공연을 하신 거예요?

노 4월 초파일.

권 춘향제 때. 근데 사람 진짜 많다.

노 그니까 국악협회에서도 보더니 사람들 지금보다 더 많다고.

권 이 사진을 어떻게 찍었대요?

노 그때 아마 문화공보부에서 찍었을 거야. 공보부에서 찍어서 나를 준거지. 개인이 그렇게 못 찍어. 딱 돌아가는 거가 정확하게 나왔잖아, 얼굴이. 그 폼이 딱 영화에 나오는 한 장면이야. 내가 속초인가 어디에 강원도로 공연을 갔는데 극장에 내 포스터가 딱 붙어있는 거야. 이 사진은 아니고 이런 포즈로. 지금 같으면 그 사진 달라고 극장에다 얘기했을 거야. 그때는 그냥 지나쳤지. 김수용 감독의 「청춘무정」[4]에 잠깐 출연을 했었거든. 영화가 별로 히트를 못 쳤어. 문희, 신성일 나왔었어. 이게 이 사진 연속이야. 올라가기 전에 완월 정 뒤에 있잖아.

권 이때도 꽃이 엄청 컸네요, 앞에 이마에.

노 여성농악에서는 꽃이 그렇게 커.

권 끈 밑으로, 묶는 끈 말고 밑에다가 뭘 하셨는데요? 훈령끈이라고 하는데요, 남자들은.

노 응, 그거야. 여자들은 그게 꼭 있어서 감추고 있는 게 좋더라고. 근데 남자들은 없더만. 묶은 끈이 풀리면 이게 받쳐서 뒤로 넘어가지 않고 걸치잖아. 그리고 이게 딱 있으면은 각이 예쁘게 나와. 이게 받쳐주고 이걸 짬맬 때 그 안에다 넣고 짬매면 안 아파. 나는 그게 있어야 돼. 그게 없으면 안 돼. 안정감이 없어.

남원 춘향제 공연을 기다리며 (광한루에서)
(춘향제 때에 광한루 완월정에서 공연 중인 노영숙(1972년경))

권 선생님 창극도 하셨잖아요. 강도근 선생님이랑 남원국악원에서 창극 연습하는 사진 있잖아요.

노 응. 이때 노영숙이 참 괜찮았어. 한참 남원에서 인기 있어갖고 남원에서 좀 논다 하는 남자들이 다 내 팬이었어. 그때 정화 언니가 곽 씨 부인을 했어. 내가 귀덕이네를 했으니까. 심청이를 낳고 곽씨 부인이 바로 죽었잖아. 그래서 젖동냥해서 길렀잖아. 그때 산후바라지를 하는게 귀덕이네야. 애기 낳았을 때 내가 첫국밥 해주고 뭐해주는 게 내 역할이었어. 곽씨 부인은 큰 역할이 없어. 애기 낳고 죽으니까. 근데 내가 그 역을 다 살려야 됐던 거였어. 그러고 그게 인기가 너무 많아가지고 극장이 미어지고 사람이 들어오지를 못해 가지고 길가에까지 서 있고.

---

4) 김수용이 감독하고 신성일, 신영균, 문희가 출연한 1970년에 개봉된 한국영화이다.

건너편 보이는 곳이 양림단지로 현재의 남원 관광단지이다.

남원극장에서 했거든.

내가 그 뒤로 정화 언니한테 물었는데, 나는 어렸으니까 잘 모르잖아. "그때 무슨 연극이었고 우리가 왜 연극을 했고 나를 그때 왜 케라를 안 주고?" 그런 거를 물어봤던 거지. 그랬더니 그건 남원국악원에서. 그건 남원에서 일 년에 우리가 한두 번 씩은 어떤 행사를 해줘야 하는 조건이었던 가봐. 왜냐면 우리가 남원 광한루 안에 국악원이 들어가 있었잖아. 지금 그네 뛰고 하는 데, 거기가 국악원이었어. 그네 뛰는 바로 옆에가, 박물관 되어 있는 데가. 근데 그런 역할로 해서 우리가 남원에서 국악원생으로서 공연을 하게 됐고 춘향제 지내는 것도 우리가 하게 되고 광한루 무슨 공연 있으면 우리가 하게 되고, 다 했어.

그니까 나를 남원 국악원생으로서 써먹은 거지. 그래서 나를 케라를 안 준 거야. 내가 "언니, 케라 받았어, 안 받았어?" 물었더니 "기억은 안나는데 아마 안 받았을걸.” 그렇게 얘기를 하더라고, 정화 언니가. 연례행사처럼 일 년에 몇 번 공연하고. 그 대신에 선생 월급도 나가야 되고 운영할 수 있게 그런 조건이 있지 않았나, 그런 생각이 들어. 그런데 우리한테는 케라가 없는 거야. 그래서 연례행사처럼 일 년에 한두 번 군에서 이렇게 해달라고 하면 국악원에서 해야 되는 거야. 근데 무대를 어디에다 지을 수도 없고 하니까 남원극장을 빌려서 한 거 같애.

권 남원극장은 어디에 있었어요?

노 지금 거기가 어디냐면, 용남시장 사거리에 이쪽 편으로 있었어. 지금 '네파' 옷 파는 데 매장이 되었더만. 거기 있었어.

권 아웃도어 매장. 지금은 극장이 없어졌네요?

노 응 없어졌어, 남원극장. 정화극장 있었고. 그래갖고 막 아주 그냥 사람들이 엄청나게 많았다니까. 길에도 꽉 차고 못 들어와갖고 막 난리고. 남원 사람들이 나를 모르는 사람들이 없더라고. 뒤에서 막 “어이, 귀덕이네!” 해쌌고 “어이, 마당쇠!” 해쌌고.

권 며칠이나 그렇게 공연을 했었어요, 그때?

노 이틀인가 삼일인가 자세히는 모르는데 그렇게 하고 그 여세를 몰아서 담양, 곡성, 순천.

권 초청공연 다니셨고만요?

노 그랬던 거 같애. 어제 내 친구가 그 공연에 대해서 묻더라고. 그래서 알려줬는데, 그때 기관장들하고 사진 찍고 그랬거든. 그 친구는 국악원생으로서 잠시 그때 놀부마누라도 하고, 걔가 나 때문에 웃어가지고 연극을 못 했거든. 내 얼굴만 보면 막, 이거 웃으면 어떻게 해. 말은 해야 되겠고 내 얼굴 보면 웃음이 나니까. 죽을라고 그랬어. 하여튼 웃겼어. 그때 재밌었는데. 노영숙이 그때 펴야 되는데. 나는 누가 잡아주는 사람이 없어서 그리 됐어. 방향 지시를 정확히 해주는 어른이 있고 나를 붙잡아주는 사람이 있었더라면 나도 좀 괜찮을 수 있었을 텐데, 나는 그냥 내 멋대로 큰 거야. 하다가 내 멋대로 시들고 그렇게 된 거야. 나 혼자 좋아서 왔다가 나 혼자 가고. 지금 와서 생각을 하면 내가 끝까지 이기고 끝까지 가야할 길이 그 길이었는데. 그리고 내가 인자 안 좋은 일도 많이 눈에 거슬리잖아. 돈 문제라든가 인간관계라든가 여러 문제가, 그런 게 염증이 나는 거야. 성장하면서 안 좋은 것들이 많이 눈에 띄고 그랬어.

## 1970년대의 활동 ③ :
## 거의 경상도로 진출하고 있는 때야. 국악이 기울어가는 상태였으니까

권 강남기 선생님하고는 어떤 인연으로 만나셨어요?

노 내가 진주에서 부산으로 공부를 하러 간 거지. 내가 우리 애아빠하고 77년도에 약혼을 했더라고, 사진을 보니까. 그니까 내가 75년이나 76년도 요때 간 거 같애. 부산 온천장에를 내 친구들이랑 갔는데, 금정산에 무슨 예술회관에서 공연을 해서 우리가 공연을 보러갔어. 강남기 선생님이 승무를, 무용을 하는데 내가 딱 반해버린 거야. 너무 멋있고 너무 잘하는 거라. '아, 내가 이 공부를 해야 되겠다.' 그래갖고 "선생님 우리를 제자로 좀 받아주세요." 말씀드렸지.

권 그때 동래에서 일하고 계실 때이지 않아요?

노 아냐. 일 안 했어. 그때는 그냥 놀러간 거였어. 친구랑 셋이 갔을 거야. 우리가 진주에 있다가 부산에 동태를 살피러 간 거지. 갔는데 선생님

무용을 보고 내 친구하고 "야, 저 선생님한테 공부를 할라면 부산으로 와야 되겠다." 해서 우리가 왔다니까. 국악인들이 모여서 한잔씩 하잖아. 그날 저녁에 놀고 그러는데 우리 선생님한테 우리 좀 가르쳐 달라고 그랬더니 선생님이 "한다는데 해야지." 그래갖고 내가 진주에서 정리하고 부산으로 갔지. 근데 우리가 벌어먹고 살아야 되니까 동래별장의 국악팀으로 들어갔어. 우리가 잘 아는 사람이 거기 팀장이었어. 국악 악사 악장이야, 말하자면.

권 밴드 전체의 단장이신 셈이죠?

노 응. 악장이야. 우리 일해도 되겠냐고 하니까 만세 부르고 기다리고 있을 테니까 빨리 오라고. 근데 우리가 안 가고 며칠을 미적미적하고 있으니까, 그 양반 성질에 맨날 쫓아오네. 온천장에 방을 얻어 놨잖아. 친구하고 나하고 방을 얻어놨더니 맨날 쫓아와서 빨리 나오라는 거야. 보니까 그때가 전라도 사람들이 거의 경상도로 진출하고 있는 때야.

1977년 강남기 무용발표회 중에서 (뒷줄 왼쪽에서 네 번째가 노영숙)

이쪽에서는 별로 활성화가 안 되어 있고 죽어가는 시기였어. 국악이 거의 기울어가는 상태였으니까 다 부산으로 가는 거지. 부산에서는 별장에서 시험 보고 하는 그런 사람들만 몇몇이 있지 전라도처럼 악사랑 왕성하게 활동할 사람이 없었다는 얘기지.

권 공연할 수 있는 사람 자체가 부족했고만요?

노 응. 공연을 할 데는 많은데 공연할 사람은 별로 없어. 그니까 환영하는 거지. 부산은 관광객도 많이 오지. 근데 여기 남원은 누가 와? 아무도 안 와. 기관이나 이런 데서 행사한다고 해서 돈이나 팡팡 주는 것도 아니고. 다 못 먹고 사는 때니까 부산으로 다 진출을 한 거야, 경상도 쪽으로. 그래갖고 내가 강남기 선생님 만나가지고 공부하면서, 남의 학원을 빌려가지고 영도다리 건너서. 동래별장에서 일하고, 우리 엄마가 와서 계셨거든. 아침으로 온천장에서 부산 영도까지 공부하러 다니고 그랬는데.

지금 일본에서 나와 가지고 울산에 있는 내 친구가 있는데, 개하고 둘이 오북을 배우는데 추운 겨울이야. 막 배우는데 손이 얼어가지고 소리가 안 나. 소리가 안 나니까 선생님도 답답해 죽어. 잘 안되는 거야, 손이. 그니까 얼마나 부아가 나면 북채로 이마를 한번씩 때린 거야. 내 친구가 화가 나니까 북채를 내던지고 가버렸어. 근데 나는 눈물을 펑펑 쏟으면서 손이 얼어서 터져가지고 북에 막 피가 튀면서도 막 하고 있으니까 우리 선생님이 그때 나한테 감동을 한 거야. '아, 요건 참 싸가지가 있고 애는 가르치면 괜찮겠구나.' 우리 선생님이 나를 보고 감동을 한 거야. 울어서 눈은 안 보이고 손이 터져가지고 북에 막 피가 묻어 있고 그러는데 안 되는 걸 막 하고 있으니까. 우리 선생님이 인정은 많아가지고 가만히 쳐다보시더라고.

권 진주농악 팀으로 대회도 나가셨네요?

노 진주농악하고 조갑용하고 같이 갔었어. 사람이 없은게 그때 공보실장이 날 데리러 온 거지.

권 1978년 5월 7일 경상남도 밀양.

노 음, 밀양. 거기 써져 있지? 그거 공보실장이 찍으니까 그렇게 잘 찍은 거야.

권 그러니까 날짜하고 뭔 행사인지 딱 나오게 찍었구나.

노 진주 시청 문화공보실장이, 그때는 시청에 문화부 있었잖아. 그 사람이 이렇게 찍은 거야.

권 이거는 케라 받고 가신 거예요?

노 그것도 안 받은 거 같애. 나 왜 돈도 안 받는 공연을 그렇게 많이 한거야.

1978년 민속예술경연대회 진주삼천포 농악의 일원으로 참여한 노영숙

그래도 70년도 일본 공연 당시에 우리 한 달에 월급 오만 엔 씩 받았어. 그때 엄청나게 큰돈이야. 그래갖고 한국 돈으로 바꾸니까, 그걸 밤새도록 셌다는 거 아냐. 오백 원짜리로 바꿔가지고. 일본 엑스포 갔다 와서. 일본 가기 전에 전사섭 씨 집에서 내가 먹고 자고 하숙을 쭉 했잖아. 엔화로 받아서 은행에 와서 한국 돈으로 바꿨는데 오백 원짜리가 한 보따리야. 오백 원 옛날 종이돈. 밤새 세다가 얼마 셌는지 잊어버리고, 세다가 말 시키면 잊어버리고 그랬다고.

권 그때 그 월급이 선생님 첫 월급이었어요?

노 그럼.

권 그 전까지는 돈도 못 받고 그냥 다니고.

노 이거는 정발장군 연습할 때야. 정발장군 연극할 때 우리가 무용으로

1978년 민속예술경연대회 진주삼천포 농악의 공연 중에서

나갔나봐. 그런 거 같은데, 부산 시민회관.

권 레슨비도 내고 그러셨어요?

노 그럼, 당연하지. 그때는 이미 우리가 벌어서 학원비 내고 그러면서 선생님 학원이 생기고. 우리 선생님이 나를 예뻐하셨거든. 근데 결혼하고 내가 이렇게 살고 하니까 참 안타까워하셨고. 한번 내가 갔더니 이미 그때는 건강이 많이 나쁘셔서, 뇌출혈로 한번 쓰러지셨다고 그러더라고. 얼마 전에 거기 작은 선생으로 있던 분한테서 전화가 왔는데 선생님 돌아가셨다고 그러더라고. 아직은 나이 상으로는 젊으신데. 이매방 씨 제를 그대로 해. 북도 이매방 선생님한테 배우고 그랬어. 참 예쁘게 춤을 추셔, 남자분인데. 재미있고, 선생님이긴 하지만 어쩔 때는 친구처럼. 그 이후에도 내가 결혼해서 "선생님 내가 돈이 없는데 외북을 좀 배우고 싶은데요." 그랬더니 "와서 배워 라." 배우다가 또 그것도 못 하고.

1978년 10월 부산에서 창극 정발장군 출연진과 함께
(앞줄 왼쪽에서 두 번째가 노영숙,
뒷줄 왼쪽에서 세 번째가 무용가 강남기)

부산에 무용가가 두 분인데 김진홍 씨. 지금은 돌아가셨더만, 그분도. 김진홍 씨, 강남기 씨, 두 분이 제일 큰 선생님이었고 그 밑에 제자들이 커가지고 여기저기 선생님 하고 교수들 하고 그러고 있지. 우리 강 선생님 제자가 그렇게 많지가 않아. 여자들은 그 과정이 있어서 그래. 출산해야 되지, 가정에 들어가면 남편들이 좋아하지 않아. 남자들

1979년 5월 TV 오락프로그램 「장수만세」 출연진들과 함께
(앞줄 왼쪽에서 두 번째가 노영숙)

은 거짓말을 잘해. 결혼을 할 때는 "내가 다 서포트 할 테니까 너는 그 길만 가라고." 하더니 그게 아니더라고.

권 이거는 79년도 5월. 어디 방송에 나오셨을 때 같은데요?

노 방송국 「장수만세」에 이 팀들하고 나갔을 땐데.

권 가운데는 앉은 사람은 국악인 신영희 씨. 이분도 낯이 익은데, 연예인인 거 같은데?

노 가운데 넥타이 맨 남자 분은 아나운서 이창호. 이분은 안비취. 여기는 김혜란, 서용석, 장덕화, 최우칠, 강정숙. 이 방송이 「전국노래자랑」처럼 유명했던 방송이었어. 「장수만세」가. 유명했었어, 이 방송이.

일본에서 활동하며 :
어렸을 때부터 큰 무대에 서고 했기 때문에 무대에 나가서 떨고 그런 거는 없어.

노 일본에 정민 선생님이라고 계셔, 무용 선생님. 최승희 선생님 제자 인데 다섯 살 때부터 굉장히 신동이야. 우리나라 무용가 최현 선생님하고 친구인가 그래. 그분하고 막역한 친구였어. 내가 열여섯 살 에 일본을 가가지고, 69년에 갔을 때 정민 선생님을 만났어. 전사섭 씨하고 잘 아는 관계로 그 집에 가서 우리가 자고 먹고 그랬다고, 일본에서. 거기가 히로시마인 거 같애.

권 70년 만국박람회 하기 전에요?

노 응. 우리가 먼저 가 있었잖아. 박람회 하기 전에. 박람회는 3월 15일

1969년 재일 무용가 정민과 함께

날 오픈을 했고 우리는 69년도 12월 19일 날 입국을 했거든. 먼저 갔거든. 그러면서 교포 위문 공연을 전국을 다니면서 마무리로 오사카 박람회를 하게 된 거지. 그 선생님을 그때 만나가지고 28년 후에 내가 오사카에서 다시 만난 거야, 정민 선생님을.

일본에서 활동할 당시 노영숙 팀의 프로필 사진

그 분 밑에 가서 공부하면서 일본에서 공연을 많이 했어. 그때 한참 95, 96, 97년에 이북 애들이 굶는다고 일본에서는 방송이 나왔었거든. 우리나라에서는 한참 후에 그런 방송이 나왔잖아. 조총련하고 우리 선생님하고 우리 민단하고 극장에서 모금운동을 한 거야. 이북에 우유를 사서 보내자. 그래갖고 무용하고 마지막에는 내가 소고를 하고. 선생님이 어디에서 농악 반주를 녹음을 해갖고 오셨더라고. 그래 갖고 내가 맞춰서 농악을 한 거야. 그니까 선생님이 "영숙아, 너는 역시 멋쟁이여. 너는 진짜 괜찮아." 막 이러시고 그랬어. 근데 꾸준히 한 것이 아니라 어쩌다 한번씩 해도 가락이 나와. 몸에 뱄으니까.

권 이거는 일본에서 활동할 때 사진이에요?

노 일본 갈 때의 스틸사진. 프로필 사진. 우리가 사진을 보내면 거기서 확대해갖고 '이 사람들이 와서 공연 한다' 고 벽에다 딱 걸어놔. 이거 말고 또 있어, 프로필 사진이, 단체로 있는 거. 스물여덟 살쯤, 내가 단장이었어, 그때.

권 이 팀 단장? 전체 한 팀으로 가신 거예요?

노 몇 팀이 몰려서 일본에 있지. 세 팀 네 팀이 한군데에 있었을 거야. 그때는 부산에서 내가 팀을 만들어서 간 거지.

권 이 분들이 그럼 부산에 있는 무대에도 뛰는 거죠?

노 응, 했었어. 지금은 다 어디 사는지 몰라.

권 선생님 그럼 어디 프로덕션 소속으로 있는 거예요?

노 응, 프로덕션. 삼경상사.

권 거기는 국악 팀만 전담으로 하는 거예요, 아니면?

노 국악, 가수 다. 연예인 송출. 연예인 송출 회사지, 프로덕션.

권 일본에서 어떤 거를 공연하신 거예요?

노 일본에서는 내가 가요, 민요, 설장구, 이렇게 혼자 교포들한테 공연을 많이 다녀. 결혼식이나 환갑잔치나 무슨 잔치 때, 이런 데 공연을 많이 해. 일본은 결혼을 두 가지로 해. 면사포 쓰고 하고 한국식으로 또 한복 갈아입고 하고. 중간 중간에 파티를 하면서 옷 갈아입고 나올 때마다 내가 쇼를 하는 거야. 그런 걸 많이 했지, 한국에 나와서는 할 자리가 없어. 일본 가서는 공연을 많이 했는데 국내에서는 활동을 안 한 거지.

어떤 잔치가 있으면 기타 하나하고 나하고 둘이 가. 딱 둘이만 가. 무대에서 나 혼자 다 해. 그 마스터가 한국 교포인데 그 사람이 장단도 쳐주고 기타로 가야금 소리를 낼 정도로 잘 해. 오사카 니오다니 호텔이라고 굉장히 큰 호텔이야. 유명해. 도쿄에도 있고 오사카에도 있고 각 지역에 그 호텔이 있어. 근데 거기서 어떤 은행의 파티, 신년회인가 망년회인데 한 삼사천 명이 와 있어. 각 지역에서 다 모였는데 나 혼자 나가서 가요 하고 민요 하고 설장고 하고, 이 세 가지를 해. 중간 중간에 옷 갈아입는 동안에 다른 사람이 또 노래하고, 일본 사람이. 내가 그때 허슬이라는 춤 있잖아. 그리고 마카레나, 그거를 내가 쫙 가르쳐 가지고, 단체 군무로 가르치면 멋있다고. 거기서 삼사천 명씩 있는데 나 혼자 나가서 하면, 그 마스터가 나보고 뭐라고 하냐면 "역시 큰 무대에 섰던 사람이라 다르다고." 대담하다고.

나는 어렸을 때부터 이런 무대 서고 큰 무대 서고 했기 때문에 무대에 나가서 떨고 그런 거는 없어. 이게 나한테 주어진 무대다 그러면 최선을 다해서 그걸 해야 돼. 오든 가든 뒤집든 그 무대를 내가 살려야 되잖아. 그런 게 있어. 그 마스터가 나보고 참 대담하다고 놀래. 내가 키도 작고 쬐깐한데 그 큰 무대에 가서 나 혼자 해야 되잖아. 그러면 맨 앞으로 가. 시선을 마주치면서 얘기를 해야 사람들을 나한테 끌어오지 나 혼자만 한다고 사람들이 안 끌려와. 그런게 있더라고, 나한테. 어렸을

1980년 10월 부산에서 활동하던 당시 오북춤을 추는 노영숙

때부터 무대에서 많은 경험을 한 사람들은 어떻게든, 죽어도 여기서 해야 된다는 그런 게 있어.

### 여성농악 재현 공연을 함께 하며

노 우리가 처음에 두레극장에서 재현공연을 했을 때 이광수가 와가지고 난리가 났어. 우리 이대로 유럽 가자. 지금은 그 모습들을 못 보니까. 여성들만 가지고 있는 그 섬세함, 아름다움, 발놀림. 몰라, 말로 표현은 안 되는데 하여튼 멋이 있어.

권 국악원에서 소리도 배우고 춤도 배우고 하는 분들이 농악을 하는 거랑 그냥 농악만 하는 거랑은 질적으로 다른 거 같아요.

노 언젠가 2004년도인가 여성농악 재현공연 호암아트홀에서 할 때 전황 선생님이 오셨어. 영화배우 전옥 씨의 동생이기도 하고 지금 같으면 연출자. 그리고 쇠도 잘 쳐. 옛날에는 덕수, 수덕이, 박귀희 선생님 이 시대 때에는 그분이 무용 총감독하고, 무용도 하고. 근데 그분이 딱 오셨는데 다들 그분을 잘 모르잖아, 연세도 많고. 우리나라 최고의 연출가였고 쇠도 잘 쳤고, 미국에 데리고 가려고 했던 분이 그분이야. 전황 선생님.

권 그분이 미국 공연 추진하셨던 분이구만요?

노 맞아, 그분이야. 근데 그분이 딱 오셨는데 내가 "선생님, 저 전사섭 씨 하고 있으면서 예술학교가 비원 앞에 있을 때 저 선생님 그때 자주 뵈었어요. 수덕이 오빠랑 같이 이렇게 있을 때." 그랬더니 아무도 자기를 모르고 나만 아니까 좋아가지고. 딸하고 같이 오셨더라고. 우리가 이 공연을 하는데 선생님이 눈물을 흘리시고 무대까지 쫓아오셨어. 너무 반갑고 아름다웠던 여성농악이 없어졌으니까. 2004년도 재현공연 할 때 그때, 나는 몸이 아파서 별로 못했는데 운태가 "누나 끝에 인사만 해요, 인사만." 그때 그래갖고 호호굿인가 뭐 할 때 내가 들어간 거 같애. 거의 마지막 때.

권 감회가 남다르셨을 거 같아요.

노 나는 선배들이랑 숙선 언니랑 같이 다녔잖아. 그때 나는 아주 어려서 아무것도 안하고 따라만 다녔어도 그 언니들의 예쁜 모습, 또 공연하는 거를 내가 기억하고 있잖아. 머릿속에 있잖아. 그리고 선생님들한테 바르게 배운 그 모습이 나한테는 있다고. 기억하고 있어.

여성농악의 멋은 아무도 따라할 사람이 없어. 이 사람들은 애기 때부터 다들 몸에 배어가지고 농악을 치면 짓는 멋이 다르단 말야. 남성들 농악하고는 다르지. 다른 농악을 보면 여성농악을 상상하면서 보는데도 그 감정이 안 나와. 짓는 멋은 아무도 못 따라온다니까. 내가 분순이 언니한테도 "언니의 멋은 아무도 따라할 사람이 없어. 언니만이 가지고 있는 멋이야." 춤추는 것도 그렇고 이 짓는 모양이. 막 짓는 것이 있어. 그런 멋은 아무도 따라할 수가 없어. 여성농악이 갖고 있는 특유의 멋은 지금 신세대가 배워가지고는 나오지가 않아. 나올 수가 없어.

## 여성, 그리고 공연자

권 선생님 여자들은 생리할 때가 힘들잖아요. 생리할 때는 어떻게 공연을 해요?

노 그게 제일 골치 아픈 게 뭐냐면 여름 같은 때 옷이 다 밀폐되어 있잖아. 옛날에는 다우다야, 신라복이 다우다야. 그러면 위아래 다 밀폐되어 있어. 뭐 통풍이나 좋았어? 다 밀폐되어 있는데다가 생리를 하면 그때만 해도 생리대가 있냐고? 없잖아. 그냥 베로 아기 기저귀들 광목 끊어다가 하는 것처럼 만드는 방법이 있어. 그걸 서답이라고 그래.

내가 열세 살, 열네 살 이때쯤 되니까 우리 엄마가 가방에다가 이제 여자라고 그걸 딱 만들어서 가방에 넣어놨어. 그러고 보면 우리 엄마가 지혜로워. 시작을 안 했는데. "니가 언제든지 필요할 것이다." 그리고 그거 개는 방법을 가르쳐 주는 거야. 여자가 되어가고 그게 이제 온다, 그거를 미리 가르쳐주는 거야. 근데 내가 어렸을 때 엄마가 생리하는 거를 봤어. 옛날에 요강 있지. 요강에 뭐가 벌게 갖고 있어. 요강에다 담궈 갖고 딱 덮어놓는 거야, 뚜껑을. 그게 핏물이 우러나서 빨아야 되잖아. 그래갖고 삶아야 돼, 안 삶으면 핏물이 안져. 그걸 내가 어릴 때 봤어. 내가 나이가 점점 더 먹어가면서 뭔가를 알게 됐어. 그런데 어느 때인가 열서너 살이 되고 그러니까 우리 엄마가 그걸 만들면서 보라고. 그때는 생리대가 없었어. 약국에 파는 게 없었어, 전혀. 그러니까 꼭 알아야 되는 거잖아. 지금은 생각도 안 나. 그걸 어떻게 접어서 하면 딱 그 모양이 나오는 데 그걸 앞뒤로 해갖고 짬매, 끈으로 이렇게. 고무줄로 하든지 끈으로 짬매. 끈으로 해야 단단해. 고무줄은 안 돼. 밀착을 시켜갖고 묶는 거고, 양이 많을 때는 안에 요만하게 또 있어. 또 그것까지. 이렇게 만들어서 가방 한쪽에다 딱 넣어놨더라고. 내가 단체갈 때 꼭 거기에다 넣어놔.

내가 막상 시작했을 때 그게 얼마나 유용하고 기뻤는지 몰라. '우리 엄마가 나를 미리 예비해서 이렇게 해줬구나.' 그런 생각에. 그 후에 한참 후에 '후리덤' 이라는 게 나왔지만 그거 질도 안 좋아, 뭉쳐가지고. 근데 밀폐되어 있지 덥기는 하지 냄새는 나지 팡팡 나오지 잘못하면 옷 다 버리지. 그러니까 가다가 누가 벌겋게 보이면 "재 잡아라. 재 잡아라." 해갖고 분장실로 들어오잖아.

그래서 신라복 뒤에 길게 드림 매는 거 있잖아. 그게 그래서 그런 거 같애. 남자는 옆쪽으로 매는데 여자는 뒤로 모아서 매잖아. 옛날에는 남자들은 가위표로 해서 양 옆쪽으로 하고 또 뒤로 매고 그랬는데 여자는 세 개 다 뒤로 맸었다니까, 우리 때는. 그게 그걸 가리기 위해서 그런 거 아닐까 싶어, 내 생각은. 여자는 하나로 모 아가지고 뒤에다 묶었다고. 그러니까 참 여름이면 죽을 맛이지. 그 리고 그게 살에 씻겨. 쓸려 가지고 피나고 쓰라리고 아프고 얼마나 괴롭겠어. 그러니까 생활이 징그럽지, 진짜. 그 더위에. 시원하게 선풍기가 있어, 쉴 데가 있어. 그냥 내리쬐는 태양 그대로 받아서 살았잖아. 그러니 언니들이 힘들었지, 단체 다니면서.

권 생리를 하면 공연에서 빠질 수가 있어요?

노 그런 적은 없어, 내가 봤을 때. 빠지고 그런 거는 없어. 그것 때문에 빠졌다는 소리는 못 들은 거 같애. 생리통이라는 게 많이 아프잖아. 그런데 거기에 대해서는 얘기를 들은 게 없어. 어쨌든 공연은 빠지지 않은 걸로 생각이 들어. 다 했던 거 같애. 내 앞 전 언니들 다 하던데.

권 소고는 특히 다른 거보다 더 많이 움직이잖아요?

노 많이 움직이는데 내가 처음 했을 때 나같은 경우는 양이 안 많아서 다행이었던 거 같애. 나도 한 때는 서답을 했어. 그리고 일본 갈 때 쯤인가 그 후엔가 '후리덤' 이라는 게 나왔어. 유한양행 '후리덤' 인가 뭣인가 나왔는데 두껍고 그래도 좁아가지고 가에로 다 새. 그리고 막 뭉쳐. 솜이었거든, 옛날에는. 그때 당시에는 그랬어. 그래도 그게 어디였는데. 근데 인자 또 비싸잖아, 가격이. 그니까 비싸고 그러니까 형편이 그런 사람은 그대로 서답하고.

권 여자들끼리만 있으니까 여자들만 아는 이야기가 있잖아요. 여자로 살다보면 남자들은 모르는 경험들이 있고. 애기 엄마들 모유 먹이면, 저도 모유를 한 6개월 먹여봤거든요. 근데 결혼하신 분 중에서도 공연하시는 분 있었을 거 아녜요?

노 그래, 젖이 흐르고. 옛날에는 브래지어가 없었던 시대가 있잖아. 그랬을 때는 어떻게 하냐면 치마 말기처럼 넓게 만들어, 브래지어처럼. 넓게 해서 만들어갖고 후크를 전부다 달아갖고 넓게 해가지고 가려. 애기 낳고서도, 그니까 그 안에다가 가제 수건 같은 거 넣어 가지고, 흐르니까. 줄줄줄줄 흐르면 애기 먹여야 되는데 공연은 해야 되고. 얼마나 고통스러워, 먹일 때 되면. 그니까 애기는 뒤에서 앵앵 울어대지, 분장실에서 울어대지 엄마는 젖이 불어갖고 있는데 공연은 하고 있지. 말도 못 하는 고통들이 많았지. 그리고 옛날에는 분유나 있어? 꼭 젖을 먹여야 되는 상황이고.

권 애기 봐주는 사람을 데리고 다니는 사람도 있었다면서요?

노 맞아, 있었어. 그러니까 애보는 애를 두고 있었지.

권 그렇게 하면서 공연을 하고 다녔을 생각을 하면, 어휴! 남자들이 그 속을 어떻게 알아요? 모르지.

노 몰라 몰라. 그러니까 엄마는 강해. 확실히 강해.

권 선생님 결혼 하신 후에도 공연 활동을 하신 거예요?

노 응. 국내에서는 활동을 별로 안 했어. 설 무대도 없었고 내가 자존심이 허락하지 않더라고. 한국에서 내가 설 무대가 별로 없는 거야. 아니면 밤업소나 이런 데 다녀야 되고. 그런데 일본 가면 그렇지 않잖아. 자유롭고 거기는 존중을 해줘. 나를 예술인으로서 대접을, 인정을 해주잖아. 근데 한국은 그걸 인정을 안 할라고 해. 깔아뭉개지만 않으면 다행이야. 무시하잖아, 그 당시만 해도. 지금은 세월이 많이 좋아졌지만, 지금도 밑바탕에는 깔려 있어. 내가 엑스포 박람회에서 공연하고 전국을 순회했다고 하면 일본 사람들은 한국사람 하고 반응이 전혀 달라. 한국 사람들은 그러는갑다 그러는데, 일본 사람들은 존중을 해줘.

가야금을 연주하는 노영숙

**이걸 기록해놓지 않으면 어느 시기에서는 없어져버려.**
**책으로 내서 역사로 남아 있어야지.**

권 아드님이 이 사진들 다 봤어요? 이런 사진 있는지 알아요?

노 몰라. 봐도 별 반응 없을걸. '우리 엄마 그런 사람이갑다.' 그러지. 우리 작은아들 "왜 그럼 가만있었어?" 그러기에, "먹고 살아야 되는데, 내가 니네 둘 때문에 힘들지." 그랬어. 우리 큰아들은 그래. "엄마가 지금쯤은 날리고 있을 텐데 우리 때문에 아무것도 못했어." 그래.

땅이 밟을수록 굳어지고 다져지고 그러잖아. 큰 상처가 안 나지. 지금은 에지간하면 눈 깜짝도 안 해. 그러려니 하고. 근데 좀 아쉽지. 나이가 들고 보니까 내가 마음대로 못 해서. 하고 싶은 거 마음대로 못하고. 왜냐면 국악도, 내가 먹고 살려고 딴 길로만 안가고 꾸준히 했으면 좋은데. 우리 큰아들이 그걸 알아. 우리 엄마가 우리들 때문에 자기 길을 가지를 못 했다고. "엄마 안 됐어." 그러면 "니들은 엄마보다 더 잘 돼야지. 엄마처럼 그러면 되겠니?" 양동근이 「불후의 명곡」 나올 때 큰 아들이 몇 번 도와줬어. 우리 아들이 레코딩, 편집, 믹싱 이거 많이 했어. 팀은 「동방박사」인데 직장에 다니면서 하기 때문에 완전히 그쪽으로 하지는 못해. 그쪽으로는 밥 먹고 살기가 힘드니까.

권 선생님이 여성농악 책 준비하신다니까 언니들이 뭐라고 하세요?

노 내가 언니들한테도 이렇게 말하는데 내가 아니면 안돼, 이 작업은. 만약에 언니들한테 기자들이 왔다거나 소설을 쓰겠다고 누가 오면 언니들이 제대로 대답해? 막 포장해갖고 좋은 것만 애기하고 간단히 애기하고 끝나잖아. 그런데 나한테는 그렇게 못 하지. "맞아, 맞다." 그래. 그래서 내가 꼭 해야 된다.

처음에는 “너 왜 이렇게 복잡한 일을 할라고 해.” 맨날 그러는데 또 반대로 “네가 잘 하고 있다. 너 같은 애가 있어서 이게 안 잊혀 질 수 있어서 고맙다.” 또 그러더라고. 참 좋은 일 한다고, 혼자 하기 어려우니까 어떤 추진위원회나 후원회를 누구더러 조직하자고 그래라 그러는데, 내가 지금 아무것도 없는 상태에서 누구보고 하자고 한다고 해서 그 사람들이 뭘 보고 하겠냐고. 내가 해야 된다고 사명으로 알고 하는 것이기 때문에. 그리고 우리 후대가 나중에 정말 우리 선배들이 이런 일이 있었구나를 알았으면. 이걸 지금 기록 해놓지 않으면, 이게 상당히 중요한 거여. 기록해놓지 않으면 우리 세대가 없어지고 나면 그냥 구전으로만 떠돌다가 어느 시기에서는 없어져버려. 한 토막의 이야깃거리 밖에 안 돼. 책으로 내서 역사로 남아 있어야지.

## 남원여성농악 활동을 담은 영상 목록

2021. 11. 25.

2021 남원문화재야행 91세 여성상쇠 이야기(풀버전)

2021. 11. 23.

2021 남원문화재야향 여성상쇠 공연

2022. 5. 8.

유튜브 전국 최초 여성농악단들께 듣는 옛날 춘향제 이야기

2022. 5. 23.

국악방송 온고을상사디야 '오늘의 이야기 지금의 음악'
 - 장봉녀, 노영숙, 김양오

2023. 4. 19.

KBS전북 잊혀진 원형… 여성 농악 뿌리 남원 원로들

2023. 4. 24.

KBS전북 앵커대담 '여성 농악 원로 발굴기'

이 책은 전라북도와 남원시의 제작 지원을 받아 출판되었습니다.

# 말허자면 우리가 걸그룹 시초여

**초판1쇄 발행** 2025년 12월 20일

**지은이** 김양오 · 노영숙

**주간** 조승연
**편집 · 디자인** 오경희 · 조정화 · 오성현 · 신나래 · 박선주 · 정성희
**관리** 박정대

**펴낸이** 홍종화
**펴낸곳** 민속원
**창업** 홍기원
**출판등록** 제1990-000045호
**주소** 서울 마포구 토정로 25길 41(대흥동 337-25)
**전화** 02) 804-3320, 805-3320, 806-3320(代)
**팩스** 02) 802-3346
**이메일** minsokwon@naver.com
**홈페이지** www.minsokwon.com

ISBN 978-89-285-2194-4 93690